Le portable ensorcelé

Vous aimez les livres de la série

Sabrina
l'apprentie sorcière

Écrivez-nous
pour nous faire partager votre enthousiasme :
Pocket Jeunesse, 12, avenue d'Italie, 75013 Paris.

Sabrina
l'apprentie sorcière

Le portable ensorcelé

Diana G. Gallagher

*Traduit de l'américain par Nouannipha Simon
et adapté par Christiane Poulain*

POCKET
jeunesse

Titre original :
Wake up Call

Publié pour la première fois en 2001
par Pocket Books, États-Unis

Loi n° 49 956 du 16 juillet 1949 sur les publications destinées
à la jeunesse : octobre 2003.

ISBN 2-266-13041-2

Tu as envie de lire des romans drôles, pétillants, irrésistibles ?

Abracadabra !

La série

Sabrina

l'apprentie sorcière

est faite pour toi !

À Rebecca Mariani, une de mes meilleures amies, enfin de retour à New York.

1

Poisson d'avril !

Driiinng !

Sabrina attrapa ses livres à la hâte et jeta un coup d'œil à son réveil.

— *Sept* heures et quart ! s'exclama-t-elle. Mais...

— Quelle heure croyais-tu qu'il était ?

Assis au milieu de la pièce, Salem lissait ses moustaches avec soin.

— Huit heures et quart. Le réveil a sonné il y a une heure et je suis debout depuis...

La jeune fille prit le réveil et le secoua. Puis elle vit la date : 1er avril !

— Déjà avril ? s'étonna Salem. Comme le temps passe !

— Oh, pas la peine de prendre cet air innocent !

Elle croisa les bras et lui lança un regard noir.

— Tu as trafiqué mon réveil. Avoue.

Il posa une patte sur sa poitrine.

— Moi ? Pourquoi aurais-je fait une chose pareille ?

— Pour me faire un poisson d'avril !

Il ne put s'empêcher de glousser.

— OK, j'avoue. Je n'ai pas résisté à la tentation.

Sabrina bâilla et leva la main droite :

— Parole de sorcière ! Une heure de sommeil en moins, ce n'est pas la fin du monde, sauf que je n'ai pas l'habitude d'avoir du temps à tuer avant d'aller à l'école. Que font les gens à 7 heures du matin ?

Salem sourit jusqu'aux oreilles.

— Ils regardent de chouettes dessins animés à la télévision en mangeant des beignets nappés de crème chantilly.

— Je suis certaine qu'il y a mieux à faire... déclara Sabrina.

L'image de Harvey s'imposa alors à son esprit. Elle se tourna vers le téléphone.

— Je vais passer un coup de fil à Harvey pour le réveiller !

Elle saisit le combiné et le porta à son oreille, mais la ligne était déjà prise par tante Hilda, qui parlait d'une voix irritée.

— Je sais qu'il est très tôt, monsieur Browne, mais si vous m'aviez rappelée hier ou avant-hier je ne serais pas obligée de vous déranger. Les montres que vous nous avez livrées sont invendables...

Sabrina raccrocha. Pourquoi fallait-il que sa tante ait besoin du téléphone le jour où elle avait le temps de faire une surprise à son amoureux ?

— Ce n'est pas la catastrophe du siècle, déclara Salem. Peut-être que tes tantes vont t'offrir ton portable...

Salem mit la patte devant sa bouche et cligna des yeux.

— *Mon* portable ? Est-ce que j'ai bien entendu, Salem ? Mes tantes vont m'offrir un téléphone portable ?

— J'ai dit « cartable », pas « portable ». C'est pour remplacer ton vieux sac tout déformé.

La jeune fille leva un index menaçant.

— Attention, je peux te transformer en crapaud !

— Oh la la ! J'aurais mieux fait de tenir ma langue !

— Hourrah ! Je vais enfin être reliée au reste du monde !

Sabrina se rua vers la porte.

— Ne dis rien à tes tantes ! la supplia Salem en lui emboîtant le pas. C'est censé être une surprise !

« C'en est une », songea la jeune fille en dévalant l'escalier.

Elle devait être la seule de tout le lycée, avec Gordie et Harvey, à ne pas avoir de téléphone portable.

Sabrina croisa Hilda dans le vestibule.

— Tu es tombée du lit, ma puce ?

— Oui, Salem a encore frappé...

Toutes deux entrèrent dans la cuisine. Zelda, matinale elle aussi, avait le nez plongé dans les factures.

Hilda s'installa en face d'elle.

— J'ai cru un instant que ma montre retardait ! s'écria-t-elle. Ce qui aurait voulu dire que les trois cent quatorze horloges de notre boutique retardaient aussi !

— Je suis heureuse de te voir levée de si bonne heure, Sabrina, dit Zelda.

— C'est Salem qu'il faut féliciter. Sans lui, je serais encore au fond de mon lit !

La jeune fille s'attabla avec ses tantes et se zappa un énorme beignet nappé de chantilly et de chocolat chaud. Ses tantes la regardèrent mordre dedans à pleines dents, la mine sévère.

— Que se passe-t-il ?

— Il faut qu'on parle, Sabrina, déclara Zelda en poussant un soupir.

« Elles font semblant d'être de mauvaise humeur pour me faire un poisson d'avril... et m'offrir mon portable ! »

Zelda prit une feuille sur la table et la lui tendit.

Sabrina reconnut aussitôt la facture de téléphone.

Aïe ! Elle avait promis à ses tantes de ne plus discuter des heures durant avec ses copines ou Harvey, et de réduire le nombre de ses appels vers l'étranger. Et elle avait tenu parole ! Elle n'avait téléphoné que deux fois à tante Vesta pendant son safari en Afrique...

— J'ignorais que tu avais des amis en Afghanistan ! lança Zelda.

— Je me suis juste trompée d'indicatif quand j'ai appelé papa à Paris.

— Vingt-deux dollars pour un faux numéro ! s'étrangla Hilda.

— La dame qui a répondu ne parlait que quelques mots d'anglais. J'ai eu du mal à m'expliquer.

— Tu aurais dû raccrocher !

— Je ne voulais pas être grossière...

Zelda leva les yeux au ciel.

— Sais-tu que tes communications avec Valérie durent en moyenne quatre heures et treize minutes ?

— Oups...

Depuis que Valérie, sa meilleure amie, avait déménagé en Alaska, elle lui manquait terriblement. Il y avait bien Dreama, une jeune sorcière comme elle, qui était adorable, mais ce n'était pas pareil. Dreama venait de l'Autre Royaume et ne comprenait pas toujours les problèmes des mortels, encore moins des adolescents.

— Et d'après toi, poursuivit Hilda avec un regard glacial, combien coûtent tes papotages avec Gwen à Londres ?

Sabrina secoua la tête.

Elle avait rencontré Gwen, une autre apprentie sorcière qui avait autant de mal à contrôler ses sorts que Dreama, lors d'un séjour en Italie. Les deux jeunes filles ne pouvaient se voir que pendant les vacances scolaires et trouvaient le temps long.

— Trois dollars la minute ! lui apprit Zelda en agitant la facture. Cela reviendrait moins cher de te zapper outre-Atlantique pour bavarder avec ta copine.

Sabrina écarquilla les yeux.

— Tu veux dire que j'ai la permission de me téléporter partout où je veux ?

— Non ! s'écria Hilda. Et nous t'interdisons de passer des appels internationaux tant que tu n'auras pas payé cette facture !

Sabrina dévisagea sa tante.

— Bon, les blagues les plus courtes sont les meilleures...

— Trois cent quarante-deux dollars, je ne trouve pas ça très drôle, rétorqua Zelda.

Hilda prit une expression revêche.

— Regarde-moi. Est-ce que j'ai l'air de plaisanter ?

— Vous jouez super bien la comédie ! s'esclaffa Sabrina. Allez, dites-le-moi... Où est-il ?

Les deux sœurs s'interrogèrent du regard.

— Où est quoi ? demanda Hilda.

— Ben, mon téléphone portable !

— Quel téléphone portable ? s'exclama Zelda.

— Salem m'a dit que...

Elle s'interrompit en entendant un petit rire à la porte.

— Poisson d'avril ! gloussa le chat. Je t'ai bien eue...

Et il lui adressa un clin d'œil moqueur.

2

Une super-affaire

— Trois cent quarante-deux dollars... grommela Sabrina, en état de choc.

Elle se jeta en travers de son lit et fit le compte de ses économies : dix-sept dollars à la banque et cinq dollars en liquide dans son porte-monnaie. Elle en aurait six de plus à la fin de la semaine grâce à son job au café. Même avec les pourboires, il lui faudrait des mois pour rembourser ses tantes !

Comment allait-elle survivre sans téléphone ? Ne plus appeler Valérie signerait la fin de leur amitié ! La dernière fois, son amie n'avait parlé que de sa nouvelle copine Hélène, une fille super-sympa et incroyablement douée en chimie... Peuh ! Comment pouvait-on apprécier un manuel de chimie ambulant ?

— Stop ! Je ne vais pas pleurer sur mon

sort ! Une conversation avec Gwen et je n'y penserai plus.

Ses problèmes semblaient toujours dérisoires comparés à ceux de son amie. On la surnommait Miss Calamité !

Comme Sabrina n'avait plus le droit d'appeler Londres, elle se sentit plus abattue que jamais.

Le beignet à la chantilly lui pesait sur l'estomac et des gouttes de transpiration perlaient sur son front. Les premiers symptômes du manque...

Et maintenant que Salem lui avait fait miroiter la possibilité d'avoir un portable, elle en avait mille fois plus envie qu'avant.

— Qu'il m'ait volé une heure de sommeil, passe encore. Mais qu'il m'ait fait croire que mon rêve allait se réaliser... (Sabrina se leva, mâchoire serrée.) Il ne va pas s'en sortir comme ça...

Elle réfléchit en se brossant les dents. Une vengeance horrible, et sans conséquence... Oui, mais quoi ? Soudain elle aperçut la balance.

« La voilà, ma solution », songea-t-elle. Lors de sa dernière visite, le vétérinaire avait trouvé Salem un peu grassouillet et avait conseillé de le mettre au régime. Le chat avait alors parié avec Hilda qu'il perdrait un kilo en deux semaines. Après quoi, elle devrait lui mitonner ses plats préférés pendant un mois. Pour Salem, aucun doute : l'affaire était dans le sac.

Sabrina avança l'aiguille de trois cents grammes... qu'il passe juste une mauvaise journée à l'idée d'avoir repris du poids.

— Rira bien qui rira le dernier... dit-elle.

De retour dans sa chambre, elle repensa à son problème. Qu'y avait-il de pire qu'être une lycéenne sans portable ? Être une étudiante sans portable ! Vu le temps qu'elle mettrait à rembourser la dernière facture de téléphone, elle entrerait à l'université sans un sou de côté : adieu, son portable.

— Il y a des jours où on ferait mieux de rester couché... marmonna-t-elle en s'habillant.

C'est alors qu'elle eut l'idée géniale de l'année !

— Je suis une sorcière, non ? Pourquoi ne pas me zapper un téléphone de l'Autre Royaume ?

Elle extirpa l'annuaire des sorciers de sous son lit et parcourut avec fébrilité la rubrique des communications intersorciers.

« Si vous n'êtes pas encore abonné, veuillez zapper sur services des ventes », lut-elle.

Sabrina inspira à fond et leva l'index.

Un nuage de fumée se matérialisa devant elle et se transforma peu à peu en une elfe d'un certain âge, vêtue d'un tailleur noir cintré et de chausses à bout pointu et recourbé. Son nom était inscrit en lettres dorées sur un badge : Nancy.

— Bonjour et bienvenue à Sorcières Sans Fil. Si vous voulez bien signer ici.

Elle lui tendit un formulaire rose et une plume d'oie.

— J'aimerais savoir si vous faites des téléphones portables et combien ça coûte.

— En deux mots : oui et rien.

Sabrina dévisagea la petite créature avec méfiance. Elle était bien placée pour savoir que tout avait un prix, surtout dans l'Autre Royaume. Même si cela ne s'évaluait pas en dollars, mais en effets secondaires. Comme les fameuses baskets qui exigeaient de courir cinq kilomètres par jour sous peine de hurler toute la nuit !

Nancy ramena une mèche de ses cheveux poivre et sel derrière l'oreille.

— Pas un centime ! Notre offre exceptionnelle de bienvenue est absolument gratuite.

— Je vous écoute.

Nancy claqua des doigts et un mobile gris apparut dans sa main.

— Voici Nuée d'argent, le dernier cri de la technologie. Il est équipé d'un cadran zapping, d'une commande vocale et d'un service réveil. Par ailleurs, il vous permet d'appeler aux quatre coins de la planète.

« Il me le faut ! » songea Sabrina.

— Existe-t-il dans d'autres coloris ?

— Non, mais il est à vous gratuitement pour une période d'essai de sept jours, et les services proposés couvrent le royaume du surnaturel comme celui des mortels.

— Et au bout de sept jours ?

Nancy ignora le ton méfiant de la jeune fille et poursuivit, tout sourires :

— Eh bien, soit vous signez pour un contrat longue durée à un prix modique, soit vous nous rendez le téléphone.

Elle haussa les épaules et le portable disparut sur un claquement de doigts.

— Attendez ! s'écria Sabrina.

Nancy claqua de nouveau des doigts.

Nuée d'argent se rematérialisa aussitôt dans les mains de la jeune sorcière.

— Il est génial ! Et minuscule ! Puis-je appeler quelqu'un pour l'essayer ?

— Bien entendu. Vous avez cinq minutes pour vous décider avant que l'offre n'expire.

Sur ces mots, l'elfe s'évapora dans un nuage de fumée, laissant le formulaire rose et la plume d'oie.

— Cinq minutes seulement ?

— Quatre minutes et quarante-cinq secondes... fit la voix dans le lointain. Dépêchez-vous !

Sabrina s'empressa de composer le numéro de son petit ami.

— Allô ? répondit une voix revêche.

— Monsieur Kinkle ? C'est Sabrina. Désolée de vous appeler si tôt, mais est-ce que je peux parler à Harvey ?

— Il n'y a pas de Harvey ici, jeune fille.

Comment avait-elle pu se tromper de numéro ? Elle recommença.

— Allô...

— C'est toi, Harvey ?

— Sabrina ? Qu'est-ce qui...

— Ouf, c'est bien toi ! J'ai cru un moment que mon nouveau portable ne marchait pas bien. Enfin, il n'est pas encore tout à fait à moi, mais je vais certainement le prendre.

Elle parlait à toute allure tout en repoussant le contrat et la plume d'oie qui n'arrêtaient pas de danser devant son nez.

— Quelle heure est-il ? s'inquiéta soudain Harvey. Je suis en retard ?

— Non, non. Pas de panique, il est encore tôt. C'est juste qu'il ne me reste que deux minutes pour me décider. Est-ce que tu m'entends bien ?

— Oui, pourquoi ?...

— Je voulais savoir si...

La plume d'oie lui tapota l'épaule et indiqua le réveil.

— Laisse tomber, Harvey. On se voit tout à l'heure au lycée !

Elle raccrocha et s'empara du formulaire rose et de la plume d'oie.

— Bon, je signe où ?

— En bas à gauche, répondit Nancy qui réapparut à côté d'elle.

« J'espère que je ne vais pas le regretter... »

Un coup d'œil sur le joli combiné gris suffit à balayer ses craintes.

« Essai gratuit pendant une semaine sans obligation d'achat ? Qu'est-ce que je risque ? »

— Nuée d'argent est à vous pour les sept prochains jours. Si vous avez le moindre problème, contactez le service clientèle !

L'elfe s'inclina et disparut en un clin d'œil.

Sabrina composa le numéro de la boutique de ses tantes. « J'aurais peut-être dû lire le contrat avant de signer... » songea-t-elle tandis que le répondeur se mettait en marche : « Si vous cherchez une montre ou une horloge, vous êtes au bon endroit... mais au mauvais moment ! Le magasin est ouvert du lundi au... »

— Génial !

Sabrina raccrocha, rangea l'appareil dans son sac, prit ses livres et se rua au rez-de-chaussée. Ses tantes finissaient leur petit déjeuner.

— Je suis contente de te voir de meilleure humeur, fit observer Hilda. Qu'est-ce qui te rend si joyeuse ?

— J'espère que tu n'as pas fait un emprunt à la banque magique pour sorciers fauchés ? Vu les intérêts, tu risquerais de perdre tes pouvoirs pour un siècle ou deux !

— Oh non, pas du tout !

— Un jour, tu nous remercieras de t'aider à prendre tes responsabilités, ajouta Zelda.

— Tu as mille fois raison, acquiesça l'adolescente. Je vais demander à Josh si je peux faire des heures supplémentaires.

— C'est exactement ce que nous attendons de toi, ma puce, déclara Zelda avec chaleur. Je te propose aussi de rembourser une partie de ta dette en nous aidant ce week-end à faire l'inventaire de la boutique.

— D'accord. Je vous tiens au courant dès que j'ai mon planning au café. Il faut que j'y aille. À plus !

Il était hors de question de parler du portable magique à ses tantes. Si arnaque il y avait, elle préférait ne pas y penser...

3

Nuée d'argent

Salem attendit trente bonnes secondes après le départ de Sabrina pour sortir de sa cachette. Il l'avait bien eue ! C'était le plus beau poisson d'avril qu'il ait jamais fait.

Une délicieuse odeur de beignet lui titilla la truffe... Il dut faire appel à toute sa volonté pour ne pas céder à la tentation. Ce n'était pas le moment de reprendre du poids ! Il s'installa sur le canapé du salon au moment où les deux sœurs Spellman entraient.

— Depuis deux mois, la boutique ne fait aucun bénéfice, se lamenta Zelda. Et nous avons dépensé mille dollars pour des montres qui ne se vendront jamais. Nous sommes au bord de la faillite !

Hilda réfléchit un instant.

— Oui, des montres dont le cadran affiche treize heures, ça n'intéresse pas grand monde...

Soudain, son visage s'illumina.

— Je sais ! Nous allons les offrir à nos clients : un article acheté, une montre offerte !

— De toute façon, nous n'avons pas d'autre solution, soupira Zelda.

— Parfait ! Voilà un problème réglé.

Hilda se tourna vers Salem. Elle le souleva et le soupesa.

— Tu as drôlement maigri, toi !

— Hé ! Je suis un chat, pas un yoyo.

Il se tortilla et fila à l'autre bout du canapé.

— J'ai une petite faim, annonça Hilda. (Elle leva son index et se zappa une assiette de champignons farcis au crabe, qu'elle posa sous le nez du chat.) Tu en veux ?

L'estomac chaviré, Salem ouvrit la gueule et enfonça ses crocs dans... le vide.

— Hilda ! s'écria Zelda qui avait mis l'assiette en lieu sûr. C'est cruel de le tenter comme ça !

— Mais s'il gagne son pari, rétorqua Hilda, je préparerai ses plats préférés pendant un mois... Ça va coûter une fortune !

Salem ne quittait pas des yeux les champignons. Il lui suffirait d'un bond, un seul petit bond... Il se ramassa, prit son élan et... Non !

Changeant sa trajectoire in extremis, il sortit du salon comme une fusée, grimpa l'escalier ventre à terre et s'enferma dans la salle de bains. Hélas, cette odeur de champignons flottait maintenant dans toute la maison...

Pour tenir bon, il décida de se peser. Rien de tel que de se rappeler le chemin parcouru.

— Il reste sept heures. Je ne dois pas craquer. Je sais que je peux y arriver.

Il poussa une exclamation étouffée. Il avait pris trois cents grammes ! Et il n'avait rien avalé depuis cinq heures du matin. Il se traîna jusqu'au tapis de bain et s'écroula, désespéré.

Même en s'étant levée une heure plus tôt que d'habitude, Sabrina faillit arriver en retard au lycée. Elle traversa le hall principal au pas de course, au risque de se faire pincer par M. Kraft. Hors d'haleine, elle entra dans la classe quelques secondes à peine avant la sonnerie.

— Salut, Sabrina ! lança Cheryl Scranton. Quoi de neuf ?

— Mon portable ! répondit la jeune fille, radieuse.

Elle brandit Nuée d'argent.

— Il est gris, commenta Cheryl.

Sabrina s'empourpra d'indignation.

D'abord, il était argent, et puis mieux valait avoir un portable gris que pas de portable du tout.

— L'argenté est très tendance, en ce moment, affirma-t-elle.

— Vraiment ? répondit Cheryl, bluffée.

— C'est dans tous les magazines. En plus, ces touches dorées n'iraient pas avec du rouge, par exemple.

— Tu as raison. Je change de portable demain. Au fait, c'est quoi, ton numéro ?

— Heu...

Sabrina avait complètement oublié de le demander à Nancy. Par chance, son portable se mit à sonner.

Étonnée, elle prit l'air le plus cool possible et décrocha.

— Allô ?

— Votre numéro est le 555 23 24, annonça une voix de robot.

— Qui est à l'appareil ?

— Le service d'information de Nuée d'argent.

— Nous commencerons dès que vous serez prête, mademoiselle Spellman, déclara Mme Chadwick d'un ton sec.

— Excusez-moi, bafouilla Sabrina, qui éteignit son portable et le fourra au fond de son sac.

Elle se demandait si Nuée d'argent répondait seulement aux questions concernant les services de Sorcières Sans Fil ou s'il répondait à toutes les questions en général. Cela pouvait se révéler super-utile pour les prochaines interros...

— Bon, sortez votre recueil de nouvelles, reprit le professeur. J'espère que vous avez tous lu celles d'Edgar Poe. Pour les retardataires, je laisse un quart d'heure de plus ; les autres peuvent commencer à répondre au questionnaire que je vais distribuer. Je les ramasserai demain.

Sabrina se mit aussitôt à la tâche. Si elle se dépêchait, elle aurait terminé d'ici à la fin du cours et n'aurait pas de devoirs à faire à la maison. Elle pourrait passer la soirée à papoter avec Valérie ou Gwen... et sans que ça lui coûte un centime !

Soudain, Nuée d'argent se mit à sonner. Sabrina leva les yeux vers Mme Chadwick. Cette dernière la fixait avec sévérité. La jeune sorcière pêcha l'appareil dans son sac et chuchota.

— Je ne comprends pas, je t'ai éteint !

— *Il faut se réveiller !* fit l'appareil.

— Mais je *suis* réveillée !

Elle appuya sur la touche off et laissa Nuée d'argent à portée de main cette fois-ci.

À peine l'eut-elle reposé sur la table qu'il sonna de nouveau. Soit ce fichu téléphone était complètement détraqué, soit il avait été programmé pour faire réveille-matin. Dans l'un ou l'autre cas, elle était dans le pétrin.

Le professeur se leva.

Sabrina zappa son portable dans sa chambre. Au moins là, il ne dérangerait personne hormis Salem. Et elle appellerait le service des réclamations pendant le déjeuner.

— Un problème, mademoiselle Spellman ?

— Euh... Non, un faux numéro. Excusez-moi, c'est un nouveau portable et je n'avais pas encore repéré toutes les fonctions. Mais je l'ai bien éteint cette fois-ci.

Tous les élèves la dévisageaient. Quel succès !

Hélas, sa joie fut de courte durée. À sa grande surprise, Nuée d'argent réapparut dans son sac et se remit à sonner.

La jeune fille se figea, au bord de la panique. Manifestement, le portable avait des propriétés magiques que Nancy avait omis de lui signaler.

Mme Chadwick fondit droit sur elle.

Sabrina ne pouvait la laisser confisquer son téléphone. C'était un objet de l'Autre Royaume et elle ignorait comment il réagirait. Sans compter les perturbations qu'il risquait d'introduire dans le monde des mortels !

— Allô ?

— *Il faut se réveiller !*

— Quoi !

Elle recouvrit le récepteur de la main et regarda Mme Chadwick avec effroi.

— Euh... C'est une urgence. Mes tantes. Je dois y aller !

Sabrina rassembla ses affaires, les fourra dans son sac et sortit de la salle. C'était en effet une urgence de la plus haute importance ! Elle était l'infortunée propriétaire d'un téléphone qui refusait de s'éteindre...

Elle s'engouffra dans les toilettes, espérant que le service clientèle de Sorcières Sans Fil saurait vite résoudre ce problème.

— *Il faut se réveiller ! Il faut se réveiller !* répétait en boucle la voix du robot.

Sabrina ferma les yeux et serra les poings. Elle n'arrivait même pas à passer un appel... Dès qu'elle raccrochait, le portable se remettait à sonner.

À bout de patience, elle hurla dans le combiné :

— JE SUIS RÉVEILLÉE ! Ce n'est pourtant pas difficile à comprendre : JE SUIS RÉVEILLÉE !

4

Il faut se réveiller !

— Pas étonnant que ce portable soit gratuit... grommela-t-elle. Il ne marche pas !

Ne pouvant retourner en classe, la jeune sorcière se téléporta chez elle. Elle avait besoin d'aide. Mais pas question d'en parler à ses tantes : elle ne voulait pas d'un sermon sur les offres de l'Autre Royaume.

Une fois dans sa chambre, elle feuilleta l'annuaire des sorciers et trouva le numéro du service clientèle de Sorcières Sans Fil.

Après une profonde inspiration, elle reprit Nuée d'argent et maintint son doigt sur le bouton off, puis enchaîna le plus rapidement possible en rallumant le combiné et en composant le numéro.

Le téléphone se mit à sonner.

Exaspérée, elle le lança sur le lit sans se donner la peine de répondre. Ne sachant plus quoi faire, elle pointa l'index sur la ligne concernant les nouveaux abonnés. Cela ferait peut-être réapparaître Nancy ?

Au lieu de l'elfe, un message lumineux s'afficha dans les airs :

« Vous êtes déjà abonnée à Sorcières Sans Fil. Veuillez contacter le service clientèle. »

— Je ne peux pas appeler votre service clientèle puisque mon portable est bloqué sur la fonction réveil !

Le message se dissipa dans une brume verte, qui laissa une vague odeur de menthe.

Sabrina s'assit, les yeux dans le vide. Un téléphone magique lui gâchait la vie ! Elle ne pouvait le jeter dans l'espace... il reviendrait. Ni aller en classe ou au café. Elle n'allait pas pouvoir cacher la situation bien longtemps à ses tantes...

Au moment où elle levait l'index pour se téléporter à la boutique, une boule de poils noirs se faufila dans l'entrebâillement de la porte en direction du couloir. Salem !

Il en savait autant que ses tantes en matière de mésaventures magiques. Plus même, en tant qu'ex-« futur-maître-du-monde ». Et c'est pour cette raison qu'il se retrouvait aujourd'hui et pour cent ans dans la peau d'un chat.

Sabrina s'élança derrière lui et le rattrapa juste avant qu'il ne s'enferme dans la salle de bains.

— Qu'est-ce que tu fabriques, Salem ?

Sabrina ouvrit la porte en grand et chassa d'un revers du poignet la vapeur qui envahissait la pièce. Nuée d'argent réapparut dans ses mains. Elle le cacha derrière son dos.

— Ferme la porte ! tonna le chat assis sur le rebord de la baignoire. Tu ne vois pas que c'est un sauna ?

— Depuis quand aimes-tu les bains de vapeur ?

— Depuis que j'ai pris trois cents grammes en trois heures sans avaler la moindre bouchée ! J'ai beau courir et transpirer, je n'ai perdu que dix grammes en deux heures...

Salem faisait peine à voir avec sa fourrure collée au corps.

— Tu n'as pas grossi... En fait, j'ai déréglé le pèse-personne pour me venger de ton poisson d'avril.

— Je ne t'entends pas ! J'ai les oreilles qui sifflent...

— Non, tes oreilles vont bien, cria Sabrina, c'est juste mon téléphone qui n'arrête pas de...

Nuée d'argent se tut.

— ... sonner, acheva-t-elle dans un murmure.

Elle retint son souffle quelques secondes. Le portable resta muet. Elle n'avait pourtant rien fait. Sorcières Sans Fil avait dû intervenir.

— Je ne comprends rien à ce que tu racontes, reprit Salem. Parle plus fort !

— Oh, je disais que tu n'avais pas grossi, mais que c'était moi qui avais déréglé le pèse-personne.

Puisque les choses s'arrangeaient, elle préférait ne pas le mettre dans la confidence pour le téléphone. C'était la dernière personne à qui confier un secret, surtout un 1er avril !

— Poisson d'avril, c'est ça ?

Elle hocha la tête en signe d'acquiescement.

— Eh bien, remets l'aiguille à la bonne place, dit Salem en sautant sur la balance.

Sabrina leva l'index et ôta dix grammes de plus pour donner du baume au cœur à Salem.

Pour elle, il était temps de repartir au lycée.

— Sabrina ! Attends-moi !

Harvey la rejoignit près de son casier.

— Où étais-tu passée ce matin ?

— Pour résumer en deux mots...

— Je brûle de vous entendre, mademoiselle Spellman ! dit une voix derrière elle.

Monsieur Kraft !

La jeune fille se retourna vers le principal.

— Un de ces jours, j'écrirai un recueil des excuses les plus originales que m'auront présentées les élèves absents aux cours.

— Je... j'ai dû rentrer chez moi de toute

urgence... euh... mon chat. Oui, mon chat était gravement malade.

— Pas mal, mais vous avez déjà fait preuve de plus d'imagination. (M. Kraft réprima un bâillement.) Sachez qu'après votre départ inopiné du cours de Mme Chadwick, j'ai appelé votre tante Zelda. Elle n'était pas au courant.

— Tiens ? répondit Sabrina avec un air innocent.

— Comment as-tu su que ton chat était malade si tu étais en classe ? intervint Harvey.

— Excellente question, monsieur Kinkle.

Qu'allait-elle pouvoir inventer ? Un lien télépathique avec Salem ? Pourquoi pas... Cela faisait un an que M. Kraft sortait avec tante Zelda, il commençait à s'habituer aux bizarreries de sa famille.

— Monsieur Kraft ? fit Harvey en agitant la main devant les yeux du principal. Il s'est endormi ! Il doit être drôlement fatigué pour dormir debout...

— Raison de plus pour ne pas le réveiller.

La jeune sorcière entraîna son petit ami dans le couloir.

— Je suis content de te voir avant le déjeuner. J'ai quelque chose à te demander.

— Tu en fais une tête ! J'espère que ce n'est pas une mauvaise nouvelle.

Harvey, embarrassé, fixait le sol.

— Qu'est-ce qu'il y a, Harvey ? Je déteste ce genre de suspense.

— En fait, je me demandais... ça ne te dérange pas si j'invite Brad à venir avec nous au match de basket vendredi soir ?

Sabrina eut un mouvement de recul.

Harvey et Brad l'ignoraient, mais ce dernier était un chasseur de sorcières de naissance. Cela signifiait qu'il avait un sixième sens pour détecter la magie. S'il démasquait Sabrina, elle serait aussitôt transformée en souris pour cent ans ! Elle redoutait toujours de se trouver en sa présence.

— Tu veux parler d'un rendez-vous à quatre ?

— Non, il n'a pas de petite copine en ce moment. C'est pour ça qu'il veut nous accompagner.

Que répondre ? Brad était l'un des meilleurs amis de Harvey et il était vraiment très sympa, mais elle ne voulait courir aucun risque.

« Un faux pas et je serai le seul rongeur à passer le bac ! »

Harvey soupira.

— Tu trouves que c'est une mauvaise idée, hein ? fit-il.

— Non, c'est que le match de vendredi est une rencontre décisive pour l'équipe de Westbridge et que je voulais partager ce moment avec toi. Être ensemble, juste toi et moi.

— Tu ne veux pas, alors ?

— Je n'ai pas dit ça. Si cela ne gêne pas Brad de tenir la chandelle et de gâcher notre soirée en tête à tête, qu'il vienne. On pourra se donner la main ?

— Bien sûr !

Harvey lui effleura les lèvres d'un baiser et regagna sa salle de classe. Sabrina aperçut Brad à quelques pas de là. Zut, peut-être avait-il tout entendu... Tant pis pour lui, il n'avait qu'à ne pas écouter !

La cafétéria était bondée. Sabrina se contenta de prendre une salade de fruits et une limonade avant de rejoindre Harvey à leur table habituelle.

— C'est tout ce que tu manges ?

Son plateau-repas à lui était composé d'une pizza, un hot dog, un éclair au chocolat, une tarte au citron meringuée et deux briques de lait.

— Tu n'as pourtant pas besoin de faire attention à ta ligne. Tiens, prends ma tarte au citron, elle est délicieuse.

— Non, merci.

La jeune fille but une gorgée de limonade et, d'un geste très naturel, sortit son portable de son sac et le posa discrètement à côté du plateau. Avec un peu de chance, Sorcières Sans Fil la rappellerait pour s'excuser du cafouillage de la matinée et elle aurait ainsi l'occasion de s'en servir. Tout le monde se rendrait compte qu'elle aussi avait un mobile !

Harvey ne semblait pas impressionné outre mesure et continuait de manger avec appétit.

« À quoi bon avoir le dernier gadget à la mode si personne ne le remarque ! » songea Sabrina, irritée.

— Excuse-moi, Harvey, je ne voudrais pas être grossière, mais je dois passer un coup de fil.

— Vas-y, acquiesça-t-il entre deux bouchées.

Elle leva les yeux au ciel et composa le numéro de la boutique de ses tantes.

— Que se passe-t-il, Sabrina ? s'inquiéta Zelda dès qu'elle eut reconnu la voix de sa nièce. J'ai vieilli d'un siècle quand Willard m'a appelée pour me dire qu'il y avait eu une urgence. Heureusement que Salem m'a rassurée.

— Qu'est-ce que Salem t'a raconté ?

— Il m'a dit qu'il n'avait pas réussi à joindre son diététicien et que tu lui avais épargné une journée de torture, répondit sa tante.

— Tout est bien qui finit bien. Je t'expliquerai plus tard. Au revoir !

— Hé... lança Harvey, les yeux arrondis.

Ah, il avait enfin remarqué son téléphone ! Sabrina se redressa toute fière... avant de se figer sur place. Elle venait d'apercevoir une silhouette familière qui s'avançait vers eux.

— Brad ! Viens t'asseoir avec nous ! Sabrina et moi on était justement en train de parler de toi.

— Oui, on va ensemble au match de basket : vous, moi et mon nouveau téléphone portable ! ajouta-t-elle en brandissant l'appareil sous leur nez.

Les garçons restèrent de marbre.

— On s'est mis d'accord pour vendredi soir. Tu viens nous chercher en voiture ou est-ce que je dois supplier mon père de nous prêter la sienne ?

Brad dansait d'un pied sur l'autre et évitait le regard de Sabrina.

— Je n'irai pas.

— Tu ne peux quand même pas louper un événement pareil ?

— J'ai un empêchement.

La jeune sorcière se sentait aussi mal à l'aise que lui. À l'évidence, il avait surpris leur conversation.

— Que peut-il y avoir de plus important que ce match ? rétorqua Harvey.

Brad haussa les épaules.

— On se voit plus tard, d'accord ?

Puis il tourna les talons et s'éloigna à grandes enjambées.

Sabrina n'était pas très fière d'elle. Elle faillit lui dire de venir avec eux, puis réfléchit. Après tout, elle était la petite amie de Harvey. Elle en avait par-dessus la tête de devoir se battre pour le voir sans ses copains.

— Quelle poisse ! soupira Harvey.

Nuée d'argent se mit à sonner.

Tout excitée, Sabrina répondit.

— Allô !

— *Il faut se réveiller !* entendit-elle.

Cette histoire tournait au cauchemar.

5

Merci, Dreama !

Hilda était en train de déballer un nouveau classeur pour ranger les factures.

— Encore une journée palpitante en vue... soupira Zelda.

— Regarde ce qu'on vient de nous livrer !

Hilda désignait une pile de prospectus sur le comptoir en provenance de l'Imprimerie Express des Gobelins et associés.

— Nos ventes vont exploser dès que je les aurai distribués.

Hilda examina un des prospectus en détail : l'offre promotionnelle s'étalait en gros caractères.

— Aïe !

— Quoi, aïe ?

— Il y a une erreur. Au lieu de : « Une montre rigolote et chic sera offerte pour tout achat », ils ont mis : « Une montre rigolote *magique* sera offerte pour tout achat »...

Les autres annonces étaient toutes erronées.

— Des montres magiques, c'est parfait pour Halloween, déclara sa sœur en prenant la pile avant de se diriger vers la sortie.

— Sauf que ce n'est pas Halloween.

— On est le 1er avril, c'est pareil. Les clients vont adorer !

— Si clients il y a, marmonna Zelda.

Sabrina sortit de la cafétéria en trombe et se rua vers les toilettes. Son portable sonnait au fond de son sac. Au détour d'un couloir, elle tomba sur Gordie : comme d'habitude, il avait le nez plongé dans un livre.

— Je n'ai jamais été aussi contente de te voir, Gordie.

— Ah bon ? Pourquoi ?

— Tu es le seul à pouvoir m'aider.

Elle avait prévu de finir son devoir de physique après le déjeuner, mais elle ne pouvait pas aller à la bibliothèque avec son téléphone qui n'arrêtait pas de sonner.

— À ton service. De quoi as-tu besoin ?

— De ton devoir de physique.

La jeune sorcière détestait profiter de ses amis de la sorte, pourtant Gordie était l'unique élève à ne pas finir ses devoirs de sciences à la dernière minute.

— N'y compte pas. Désolé.

— Ce n'est pas pour le recopier. C'est juste pour voir ce qu'il faut faire. Je ne peux pas aller à la bibliothèque, à cause de ce maudit téléphone !

Il la dévisagea avec étonnement. Pourquoi se mettait-elle dans cet état ?

— Tu n'as qu'à l'éteindre.

— Bien sûr ! Comment n'y avais-je pas pensé ? s'énerva-t-elle.

Furieuse, elle le planta là et tourna les talons.

Elle s'engouffra dans les toilettes, où deux élèves de seconde se remaquillaient. Elle les bouscula sans ménagement et posa son sac à côté d'un lavabo.

L'une des filles s'éclaircit la gorge et dit d'une voix mal assurée :

— Ton téléphone sonne.

— Je ne suis pas sourde !

Les deux lycéennes déguerpirent sans demander leur reste.

Sabrina regretta aussitôt de s'en être prise à elles, mais elle était au bord de la crise de nerfs. Elle crut avoir une attaque quand la sonnerie retentit encore plus fort.

Elle décrocha.

— *Il faut se réveiller !*

— Au secours, je rêve !

Ne sachant plus quoi faire, elle jeta le portable par terre et le piétina.

— Quelque chose ne va pas avec ton téléphone ? demanda Dreama en faisant irruption dans les toilettes.

— Il me rend folle !

Sa colère retomba d'un coup. Son pied lui faisait mal et le portable n'avait pas la moindre trace...

— Toi qui viens de l'Autre Royaume, enchaîna-t-elle, que sais-tu de Sorcières Sans Fil ?

— Tu t'es abonnée chez eux ?

— Oui, et je n'arrive pas à me servir de mon portable.

— Je n'ai jamais eu de mobile, j'ignore comment ça marche. Pourquoi ne réponds-tu pas ?

Les épaules de Sabrina s'affaissèrent.

— Il est bloqué sur la fonction réveil et il n'arrête pas de sonner.

— C'est tout ? Je peux t'arranger ça.

Dreama pointa l'index vers l'appareil qui se tut immédiatement.

Sabrina se figea, partagée entre le soulagement et l'angoisse. Son amie était la sorcière la plus maladroite du pays, et ses sorts avaient souvent des retombées catastrophiques...

— Qu'est-ce que tu as fait ?

— J'ai jeté un sort pour qu'il se taise...

À cet instant, Nuée d'argent émit une sirène d'alarme assourdissante.

— Annule ton sort, Dreama ! Dépêche-toi ! hurla Sabrina.

Mais sa voix fut couverte par le bruit.

La porte des toilettes s'ouvrit à la volée et M. Kraft se rua à l'intérieur.

— Vous ne pouvez pas entrer ici ! lança Sabrina. Ce sont les toilettes pour *filles*.

— C'est un scandale !

Dreama fit un signe d'excuse à son amie et s'esquiva discrètement.

Dans les couloirs, les lycéens couraient dans tous les sens, croyant que le lycée brûlait.

— Je peux tout vous expliquer, monsieur.

— Ne vous donnez même pas cette peine. Vous êtes renvoyée !

— Vous n'avez pas le droit !

— Soit ! Vous êtes renvoyée jusqu'à nouvel ordre.

Sabrina n'en croyait pas ses oreilles...

— S'il vous plaît, monsieur Kraft, ne me faites pas ça ! On peut en discuter, non ?

— Ma décision est sans appel, mademoiselle Spellman. Veuillez quitter l'établissement sur-le-champ et emporter votre gadget avec vous.

6

De pire en pire

— Sauve qui peut ! Les chats et les chatons d'abord ! s'écria Salem quand Sabrina se matérialisa dans la cuisine avec son téléphone hurleur.

Il courut se cacher derrière la poubelle.

La jeune fille laissa tomber ses livres de classe et agrippa Nuée d'argent à deux mains.

— Tais-toi !

Elle dut répondre pour mettre fin à cette horrible alarme, mais, de rage, envoya l'appareil contre le mur. Il rebondit et revint aussitôt dans ses mains.

— *Il faut se réveiller !* lança la voix métallique avec une pointe d'agacement.

Salem risqua un œil entre ses pattes.

— Qui est-ce ?

— *Il faut se réveiller !*

Sabrina couvrit le combiné.

— C'est le téléphone.

— Je vois bien que c'est un téléphone !

— Je ne peux pas en dire autant...

— *Il faut se réveiller !* continuait le portable.

Le chat sauta sur la table et poussa un paquet de chips ouvert.

— Tu t'es laissé tenter par une offre attrape-nigaud de Sorcières Sans Fil...

— Comment l'as-tu deviné ?

— *Il faut se réveiller !*

Cette fois-ci, la voix avait un ton vraiment moqueur.

Sabrina s'affala sur une chaise. La table était jonchée d'emballages et de boîtes à moitié entamées.

— Tu fêtes ta victoire un peu tôt, non ? Il te reste cinq heures avant de gagner ton pari.

— Je n'ai pu m'en empêcher, avoua Salem en se léchant les babines. Après avoir couru et transpiré toute la matinée, j'ai failli m'évanouir. Les croquettes allégées ne m'ont pas suffi.

Il commença sa toilette.

— *Il faut se réveiller !*

Sabrina ignora Nuée d'argent et poursuivit :

— Malheureusement pour toi, si tu perds ton pari, tante Hilda ne te donnera rien d'autre pendant un mois entier !

Il gloussa.

— Aucun risque. J'ai pris exemple sur toi

et j'ai déréglé la balance de cinq cents grammes. Mais en moins, cette fois-ci...

— IL FAUT SE RÉVEILLER !

Pour se faire entendre, le téléphone avait haussé le ton, ce qui les fit sursauter tous les deux. Sabrina s'en empara et le secoua violemment.

— Tais-toi ! Tais-toi ! Tais-toi !

— Méthode musclée. Toutefois, je doute qu'il t'obéisse.

— Je sais, mais ça me défoule.

Elle fourra l'appareil dans son sac et se couvrit les oreilles. En pure perte.

— Il doit bien y avoir un moyen pour qu'il cesse de me harceler !

— Quoi que tu aies fait, ce doit être très grave.

— La seule méchanceté que j'aie faite aujourd'hui a été de te jouer un tour, amplement mérité d'ailleurs !

— Ton portable ne semble pas du même avis, c'est pour ça qu'il persiste à vouloir te réveiller.

Il lécha l'huile qui restait dans la boîte de sardines.

— Attends une minute, Salem ! Tu essaies de me dire que ce téléphone est une sorte d'alarme qui se déclenche quand je fais une mauvaise action ? Je croyais que c'était un réveil !

Le chat attrapa un bretzel.

— Oui, en quelque sorte. Grâce à lui, tu ne peux plus fermer les yeux sur les mauvaises actions que tu commets. C'est pour que tu les répares avant qu'il ne soit trop tard.

— Je voulais un téléphone portable, pas une conscience ambulante.

— Tu as oublié de lire les lignes en petits caractères ?

— C'est ça, fais ton malin... Comme si tu ne te faisais jamais avoir.

Sabrina croisa les bras et réfléchit un instant avant de reprendre :

— Le premier appel ce matin était dû au poisson d'avril que je t'ai fait, alors ?

— Je suppose.

Salem envoya le bretzel en l'air et l'empala sur une canine.

— Pas mal comme tour, non ? Je ferais un tabac dans les shows félins.

D'un coup de langue, il l'envoya dans sa bouche et le croqua avec appétit.

La jeune sorcière ne l'écoutait pas. Elle repensait aux événements de la matinée. Nuée d'argent avait cessé de sonner au moment même où elle s'était excusée auprès de Salem. Elle grignota d'un air distrait du pop-corn au caramel. Peut-être méritait-elle qu'on la rappelle à l'ordre ; le pauvre chat s'était donné tellement de mal pour maigrir...

— Il suffirait que je sois gentille avec les gens...

— Et les chats.

— ... pour que le téléphone ne soit rien d'autre qu'un téléphone ?

— IL FAUT SE RÉVEILLER !

Elle leva les mains au ciel.

— Quoi encore ?

— Tu as dû commettre une autre mauvaise action, c'est évident !

— Mais je n'ai rien fait !

— Réfléchis bien...

Elle soupira.

— J'ai vexé le meilleur ami de Harvey, essayé de tricher pour mon devoir de physique, terrorisé deux pauvres élèves de seconde sans raison, fait évacuer le lycée et finalement je me suis fait renvoyer par le principal.

— C'est tout ?

— Je dois y aller !

Elle attrapa ses livres de cours et se téléporta de nouveau dans les toilettes du lycée.

Désespérée, Zelda éteignit l'ordinateur. La situation de la boutique était encore plus désastreuse qu'elle ne le pensait.

— Haut les cœurs ! J'apporte le déjeuner.

C'était Hilda qui revenait de chez le traiteur italien avec des sandwichs et du thé glacé.

— Où en es-tu avec les prospectus ?

— Je les ai tous distribués dans le quartier. Tu as eu des clients ?

— Non, personne.

Elles s'installèrent au comptoir et mangèrent en silence. Zelda préférait ne pas révéler l'état des comptes à sa sœur de peur de l'abattre encore plus.

— Je suis sûre que ces prospectus vont nous attirer plein de monde ! dit Hilda.

— Je l'espère. Je me suis attachée à cet endroit.

Et si elles devaient vendre la boutique ? À cette seule idée, Zelda sentit son moral flancher.

— On a fait des tas de placements, certains devraient bientôt nous rapporter de l'argent, non ? demanda Hilda.

— Cet argent servira à payer les études universitaires de Sabrina. Je n'ai pas plus envie que toi de vendre la boutique, mais l'avenir de notre nièce est plus important à mes yeux.

— Combien nous reste-t-il en liquide ?

Zelda ouvrit le tiroir-caisse.

— Cinq dollars et quarante-sept cents.

— Super ! Allons acheter un billet de loterie.

— Ce n'est pas une solution... Non, je suis

certaine qu'il y a un meilleur moyen de s'en sortir.

— Tu as raison ! Battons-nous ! s'écria Hilda en pointant l'index.

— N'y pense même pas ! Tu sais parfaitement qu'on n'a pas le droit d'utiliser nos pouvoirs pour faire fortune.

Hilda cacha aussitôt ses mains dans son dos.

— Maudit soit celui qui a inventé cette loi !

Devant la vitrine se tenait un vieil homme avec une feuille de papier à la main. Il allait poursuivre son chemin quand Hilda se précipita au-dehors.

— Attendez ! Ne partez pas !

Zelda s'empressa de faire disparaître les restes du déjeuner sous le comptoir et de nettoyer les miettes.

— Enfin un client...

Le vieux monsieur entra dans le magasin tandis que Hilda lui tenait la porte. Il était vêtu d'un costume large et coiffé d'un chapeau haut de forme.

— Je dois acheter un réveil. Tout de suite.

— Nous en avons un très grand choix. Avez-vous un modèle précis en tête ?

— Non, n'importe lequel fera l'affaire.

Il jeta un coup d'œil anxieux au papier qu'il

tenait dans la main et désigna un réveil de voyage sur une étagère.

— C'est un excellent choix, monsieur. Les piles durent deux ans.

— Combien coûte-t-il ?

— Trente-deux dollars et cinquante cents.

Il sortit son portefeuille et en tira deux billets de vingt dollars.

— Est-ce l'un de nos prospectus que vous avez là ? demanda Hilda.

Le vieil homme le lui fourra dans les mains et se hâta vers la sortie. Hilda s'élança derrière lui.

— Attendez ! fit-elle. Vous oubliez votre montre rigolote magique !

Le vieil homme pressa la pas sans répondre.

— Il était bizarre, hein ? commenta Zelda.

Cette dernière hocha la tête d'un air pensif.

— On aurait dit qu'il se sentait obligé d'acheter ce réveil. Comme si quelque chose ou quelqu'un le forçait à le faire...

— Hé, vous ! tonna une voix.

— Qui parle ? s'étonna Hilda en regardant par-dessus son épaule.

Zelda lui arracha le prospectus des mains et le tint en l'air. Un visage en trois dimensions remplaça le réveil à l'ancienne.

— Allez acheter un réveil ! ordonna-t-il avec autorité. Tout de suite !

— Oh, mon Dieu ! s'étrangla Zelda. C'est un prospectus magique ! Qu'allons-nous faire ?

— Pour commencer, grommela Hilda qui levait un index menaçant, il va me faire le plaisir de baisser le ton ! On ne s'adresse pas aux clients de cette façon !

7

Sabrina répare les dégâts

Sabrina courait dans les couloirs déserts du lycée en espérant ne pas tomber sur M. Kraft. Les élèves renvoyés devaient quitter l'établissement sur-le-champ – ce qu'elle avait fait –, et elle n'était pas censée revenir avant d'en avoir l'autorisation écrite du principal. Or la jeune sorcière devait absolument réparer les torts qu'elle avait causés et gardait l'espoir de faire annuler son renvoi avant la fin de la journée.

Comme elle ne pouvait assister aux cours, elle rangea ses livres dans son casier. Elle aurait aimé pouvoir y laisser aussi Nuée d'argent, mais il se serait aussitôt matérialisé dans ses mains.

— *Il faut se réveiller !*

— Je le sais ! Je ne fais que ça. Mais comment veux-tu que j'arrange les choses si tu n'arrêtes pas de m'embêter ?

Elle n'osait plus l'éteindre ni même baisser le volume, de peur de déclencher la sirène d'alarme. Même si elle était plus adroite que Dreama avec la magie, elle ne voulait courir aucun risque.

Elle eut soudain une idée. Elle leva l'index et chantonna :

« Pour ne plus attirer l'attention,
rien de tel qu'un rembourrage de coton. »

Un épais capitonnage apparut autour de l'appareil.

— *Il faut se réveiller !*

Ouf ! Ce n'était plus qu'un murmure.

La sonnerie des classes la fit sursauter. Elle se dépêcha d'aller intercepter Brad et Harvey à la sortie du cours d'histoire.

Sur le chemin, elle croisa les deux filles qu'elle avait houspillées dans les toilettes et se précipita vers elles. Celle qui avait tenté de lui parler prévint son amie d'un coup de coude et voulut l'entraîner en vitesse.

En voyant Sabrina presser le pas, les deux lycéennes tournèrent les talons et s'enfuirent à toutes jambes.

— Attendez !

La jeune sorcière pointa l'index dans leur direction. Les deux filles s'élevèrent imperceptiblement du sol et firent du surplace jusqu'à ce que Sabrina les rejoigne.

— Salut ! J'ai quelque chose à vous dire à propos de ce qui s'est passé ce matin.

Les filles la dévisagèrent sans un mot.

« Si elles refusent mes excuses, est-ce que Nuée d'argent les refusera aussi ? » se demanda Sabrina.

— Écoutez, je n'aurais pas dû passer mes nerfs sur vous. Ce n'est pas votre faute si mon téléphone me rend folle ! Il sonne tout le temps et je n'arrive pas à l'éteindre, c'est pour ça que je ne décrochais pas.

Les deux filles s'interrogèrent du regard, médusées.

— En tout cas, je voulais vous présenter mes excuses. Je suis vraiment désolée. (Elle se mordit les lèvres en attendant leur verdict.) Vous les acceptez ?

Une des élèves fronça les sourcils, réfléchit quelques secondes puis finit par hausser les épaules.

— Tu n'as qu'à l'insonoriser !

— C'est ce que j'ai fait. Regardez !

Elle ouvrit son sac et leur montra l'épais rembourrage de coton. Mais les deux filles s'en allaient déjà en levant les yeux au ciel.

— *Il faut se réveiller...*

Le son avait encore baissé et il était désormais à peine audible. Satisfaite, Sabrina reprit sa route à la recherche de Harvey.

Il était en train de jeter ses affaires de sport pêle-mêle dans son casier quand elle arriva à sa hauteur.

— Tiens, Sabrina ! dit-il. Tu as réglé ton problème ?

— Pas tout à fait. Il faut que je te parle. Et à toi aussi, Brad.

Brad n'avait pas l'air ravi de la voir. Il fronça les sourcils.

— Ton sac, fit-il remarquer.

— Oh, c'est mon portable. Il est... euh... bloqué. Il faut que je le fasse réparer.

— On va être en retard pour le prochain cours, lança Harvey en fermant son casier. Allons-y, on parlera en route.

— D'accord, acquiesça Sabrina, qui se mit entre les deux garçons.

Elle prit son courage à deux mains.

— Brad, j'ai laissé entendre que je ne voulais pas que tu te joignes à nous vendredi soir... parce que, effectivement, je n'en avais pas envie.

Les deux garçons se figèrent net et se tournèrent vers elle, les yeux écarquillés.

Les mots lui avaient échappé. C'était embarrassant, mais Sabrina devait leur dire la vérité. Mentir n'aurait fait qu'empirer les choses.

— Je n'aime pas du tout la tournure que prend cette conversation, grommela Harvey.

— Attends, je vais m'expliquer. (Elle prit une profonde inspiration.) Je me suis montrée très égoïste et injuste à ton égard, Brad. C'est un des matchs de basket les plus importants de l'année et je suis sûre que tu brûles d'y assister. Dis-moi si je me trompe.

Il garda le silence. Sabrina se tourna vers Harvey.

— Plus on est de fous, plus on rit, non ?

— C'est ce que j'ai toujours cru...

— Moi aussi, sauf que je l'avais oublié ! enchaîna-t-elle en implorant Brad du regard. Est-ce que tu peux changer d'avis et venir avec nous vendredi ?

Il haussa les épaules.

— Je vais y réfléchir.

— Super ! Tu t'arranges avec Harvey. À plus !

Soulagée, elle se glissa dans une salle de classe vide et tira Nuée d'argent de son rembourrage.

— *Il faut se réveiller !* répétait-il sur un ton à présent tout à fait normal.

— Je suis sur la bonne voie... Continuons. Gordie, maintenant.

M. Wenzel, son professeur de physique, fit irruption dans la pièce.

— Sabrina ? Vous n'avez cours avec moi que dans une heure...

— Hum... En fait, je voulais vous prévenir que je serais absente car M. Kraft m'a renvoyée pour cause de... pollution sonore.

Elle esquissa un sourire contrit, attendant que son téléphone se remette à hurler. Rien de particulier ne se passa. Il semblait être content quand elle disait la vérité.

— Je vois, déclara M. Wenzel en s'installant à son bureau. Je suis désolé d'apprendre ça. Enfin, c'est bien d'être passée me rendre votre devoir.

Oh non... Elle avait complètement oublié ce détail ! Plus abattue que jamais, elle dut avouer :

— Je n'ai pas fait mon devoir... À vrai dire, j'ai essayé d'emprunter celui de Gordie parce que je ne pouvais pas aller à la bibliothèque faire les recherches, mais il a refusé de me le donner. Il a eu raison, d'ailleurs, parce que c'était de la triche... Voilà, vous savez tout.

Elle fit des yeux de chien battu dans l'espoir d'amadouer son professeur.

— Ce n'est pas votre jour, dites-moi ! Vous êtes renvoyée et je vous mets un F pour le devoir non rendu.

Restait encore à voir M. Kraft. Ce qui n'était pas une mince affaire. Sabrina vérifia le volume de Nuée d'argent avant la confrontation.

— *Il faut se réveiller...*

La voix était presque inaudible à présent.

La secrétaire n'était pas à son poste. Sabrina frappa deux petits coups à la porte du bureau du principal. Elle entendit un vague grognement et supposa qu'il l'autorisait à entrer.

M. Kraft était affalé dans son fauteuil, la tête renversée en arrière, profondément endormi. Il ronflait la bouche ouverte. Sabrina hésitait entre partir sur la pointe des pieds ou s'exposer à sa colère en le réveillant.

Que faire ?

Elle n'eut pas besoin de prendre une décision, une mouche se chargea de résoudre le dilemme en se posant sur le nez du dormeur.

— Hum... Quoi ? Que se passe-t-il ? bafouilla-t-il en sursautant. (Il se frotta le visage et aperçut Sabrina sur le pas de la porte.) Que faites-vous ici ? Depuis combien de temps êtes-vous là ?

— Depuis quelques secondes. J'ai frappé et...

— Personne ne vous a appris qu'il fallait attendre qu'on vous dise d'entrer ?

Il ajusta ses lunettes et fit mine de classer ses dossiers.

— J'ai dû confondre réponse et ronflements, je suis désolée...

— Je ne ronfle pas !

M. Kraft rajusta sa cravate et se lissa les cheveux.

— Est-ce qu'on vous a envoyée m'espionner ?

Elle écarquilla les yeux, perplexe.

— Envoyée par qui et pour quelle raison ?

— Bon, n'y pensons plus. D'ailleurs, que faites-vous encore dans l'établissement ?

— Je voulais vous parler de ce qui est arrivé ce matin. Je n'avais pas l'intention de faire évacuer l'école. C'était un accident, je ne l'ai pas fait exprès. Enfin, tout est ma faute, mais de manière indirecte seulement.

— N'essayez pas de m'embrouiller ! Donnez-moi une explication claire ou sortez.

Sabrina se dandina d'un pied sur l'autre. Comment allait-elle se tirer d'affaire ?

M. Kraft désigna son sac du menton.

— C'est un magnétophone que vous avez là ?

— Non, c'est ce fichu téléphone.

Sabrina sortit Nuée d'argent de son rembourrage de coton.

— *Il faut se réveiller !*

Le principal devint rouge de colère.

— Écoutez, mademoiselle Spellman, je

n'apprécie pas du tout cette plaisanterie ! Si le conseil disciplinaire apprend que...

— Ce n'est pas une plaisanterie, je vous assure, le coupa-t-elle en remettant le portable à sa place. Tout a commencé quand Salem m'a fait croire que mes tantes m'offraient un téléphone mobile, mais ce n'était qu'un poisson d'avril. Si mon chat a un sens de l'humour déplorable, je n'y peux rien !

M. Kraft se redressa et se massa les tempes.

Espérant que Nuée d'argent n'allait pas lui reprocher la migraine du principal, la jeune fille poursuivit :

— Je me suis procuré ce téléphone dans l'Autre Royaume pour une semaine d'essai gratuit, seulement l'elfe ne m'a pas informée que c'était aussi une espèce de conscience électronique. On ne peut faire confiance à personne !

— Triste, mais vrai, soupira M. Kraft.

— Maintenant, il me harcèle quand je commets de mauvaises actions. C'est pour me les rappeler qu'il s'est mis à hurler comme une sirène ce matin, sauf qu'à ce moment-là je ne savais pas encore ce que cela voulait dire.

Devant l'air méfiant du principal, Sabrina joignit les mains.

— Je vous en supplie, monsieur Kraft ! Annulez mon renvoi de l'école et n'en parlez pas à mes tantes !

— C'est l'histoire la plus délirante que j'aie jamais entendue, finit par déclarer le principal après un long moment de réflexion.

— Je vous ai dit la vérité.

— Bon. (Il secoua la tête et poussa un soupir indulgent.) Vous pouvez retourner en cours. Votre excuse a au moins le mérite d'être drôle et originale.

— Merci !

Sabrina tourna les talons puis demanda :

— Est-ce que je peux quand même être renvoyée jusqu'à demain matin ? M. Wenzel m'a déjà mis un F à mon devoir, alors...

— Vous ne manquez pas de toupet, mademoiselle Spellman ! Mais ça me plaît.

— J'y vais ! Merci encore.

Sabrina s'éclipsa dans le couloir avant qu'il ne change d'avis. Elle tira Nuée d'argent de son sac. Il était enfin silencieux !

— Youpi ! s'écria-t-elle en sautant de joie.

— Chut ! Vous n'êtes pas dans un hall de gare ! l'admonesta la secrétaire, qui revenait vers son bureau.

— Pardon.

Le téléphone serré contre sa poitrine, la jeune sorcière s'éloigna, le sourire aux lèvres.

Hélas, il se remit à sonner presque aussitôt. N'ayant rien à se reprocher, elle répondit en toute confiance.

— Allô ?

— *Il faut se réveiller !*

— Chut ! répéta la secrétaire.

— *Il faut se réveiller !*

— Mais je n'ai rien fait de mal !

— *Il faut se réveiller !*

Sabrina crut défaillir. Ce n'était quand même pas possible...

Elle repassa en mémoire son entretien avec M. Kraft. Elle lui avait pourtant avoué toute la vérité ! Alors pourquoi ce fichu portable la rappelait-il encore à l'ordre ?

Nuée d'argent voulait simplement qu'elle dise *toute* la vérité... Elle hésita un instant, puis rebroussa chemin.

— Excusez-moi, fit-elle à la secrétaire. M. Kraft dormait dans son bureau tout à l'heure.

Le téléphone se tut aussitôt.

8

Interdit de mentir

Hilda attendait une réponse des Gobelins et associés dans l'arrière-boutique. Elle leur avait envoyé une demande de remboursement des prospectus magiques. Pas question de gaspiller un dollar !

Soudain, le toaster cracha un pli.

— Pas trop tôt !

Elle ouvrit l'enveloppe, le cœur serré. Il fallait absolument trouver un moyen de sauver l'horlogerie.

Elle parcourut rapidement le message puis rejoignit sa sœur.

À la boutique, Zelda était assaillie par cinq clients.

— Que se passe-t-il ? demanda Hilda.

— Ça ! gronda Zelda.

Elle lui tendit un des prospectus tout en prenant la carte de crédit que lui présentait une dame très élégante.

Le visage en trois dimensions s'anima dès qu'elle posa le regard dessus. Mais au lieu d'aboyer un ordre, il disait d'un ton guindé :

— La pendule de Seth Thomas est un pur joyau du XIXe siècle. Et elle ne coûte que la modique somme de deux cent vingt-cinq dollars.

— Est-ce que cette dame achète la Seth Thomas ? murmura Hilda à l'oreille de sa sœur.

C'était une très belle antiquité, mais elles n'avaient jusque-là trouvé aucun acquéreur.

— Si tu me laisses m'occuper d'elle, oui, répondit Zelda, et elle glissa la carte dans la machine. Une signature, s'il vous plaît, madame.

— Quel est le prix de cet article ? demanda un peintre en bâtiment qui désignait une pendule en cristal de Waterford.

Hilda fit le tour du comptoir.

— Cent cinquante dollars. Ne voulez-vous pas quelque chose de moins fragile ?

— Non. Ma sœur se marie et elle adore ce genre de bibelot. Je la prends.

— Bien. Je vous fais un emballage cadeau. C'est gratuit.

— Ceci aussi est gratuit, n'est-ce pas ? s'enquit-il en mettant à son poignet une des fameuses montres rigolotes. J'ai cassé la mienne et je déteste ne pas savoir l'heure.

— Je tiens tout de même à vous préciser que le cadran affiche treize heures.

— Encore mieux ! Moi qui trouvais les journées trop courtes, j'aurai maintenant le temps de tout faire ! (Il éclata d'un rire bruyant.) Je plaisante, bien sûr !

— Je n'en doutais pas... fit Hilda avec un sourire forcé.

Elle lui donna son paquet et reprit le prospectus qu'il tenait dans la main.

— Qu'est-ce que tu lui as dit, à lui ? demanda-t-elle en fronçant les sourcils.

Le visage lui adressa un clin d'œil et lança d'une voix enjouée :

— Salut ! Il te faut cette super montre magique, mon vieux ! Vas-y et dépêche-toi !

— Je vois que tu t'adaptes...

Elle rangea le prospectus derrière le comptoir avec ceux que Zelda avait pu récupérer.

— À combien s'élève ta vente ? demanda-t-il au tract du vieux monsieur.

— Trente-deux dollars cinquante. Mais le pauvre type était complètement fauché !

— Moi, j'ai rapporté cent cinquante dollars ! Pas mal, hein ?

— Taisez-vous, tous les deux, ou je vous déchire en menus morceaux ! les menaça Hilda.

Zelda finissait de s'occuper d'un adolescent. La montre qu'il voulait acheter jouait le thème de feuilletons télévisés toutes les heures.

— L'imprimerie des Gobelins va nous rembourser ? s'enquit-elle auprès de sa sœur dès que le jeune homme fut reparti.

— Non. C'était une offre spéciale. Il n'y a ni échange ni remboursement. Mais regarde les clients qui affluent, c'est génial, non ?

— Non ! C'est une catastrophe ! (Zelda baissa la voix.) Ils ne viennent pas de leur plein gré mais à cause des prospectus magiques !

Hilda leva les yeux au ciel.

— Ben, évidemment.

Comme elle n'avait rien stipulé de spécial dans sa commande, l'imprimerie avait ensorcelé les prospectus avec un charme mineur, assez courant dans l'Autre Royaume. Une fois leur achat effectué, les mortels ne se souvenaient de rien. Ils croyaient avoir vraiment eu envie d'acheter une montre.

— Ne t'inquiète pas, Zelda, cela ne nous a pas coûté plus cher que des prospectus normaux.

— Avez-vous la même en bleu ? demanda une dame en montrant une horloge murale en forme de pomme.

Hilda secoua la tête.

— Avez-vous déjà vu des pommes bleues ?

— Elle est parfaite en *rouge*, suggéra vivement le prospectus que la dame tenait.

— Je suis à vous dans une seconde, madame, cria Zelda et elle poussa sa sœur dans l'arrière-boutique. Nous ne pouvons pas utiliser ce moyen pour vendre nos marchandises, Hilda.

— Pourquoi ? Les gens oublient aussitôt qu'ils y ont été forcés.

— Là n'est pas le problème. Nous n'avons pas le *droit* d'utiliser la magie pour faire fortune !

— Cela ne compte pas si ce n'est pas notre faute ! C'est l'imprimerie qui a ajouté un charme.

— C'est nous qui encaissons l'argent !

— Peut-être, mais ce n'est pas comme si nous avions délibérément fait usage de nos pouvoirs. De toute façon, on ne peut pas rendre ces prospectus tant que les clients ne nous les ont pas rapportés.

— C'est vrai, je n'y avais pas pensé. Cela dit, je doute que le Conseil des Sorciers accepte de voir les choses sous cet angle.

— Il n'y a aucune raison pour que le Conseil soit au courant de cette histoire. Ne faisons pas attendre nos clients plus longtemps.

Elles retournèrent dans la boutique, où les gens commençaient à s'impatienter.

— Je crois qu'on va avoir besoin d'aide, fit remarquer Zelda quand six autres personnes passèrent le pas de la porte.
— Reste à la caisse, je m'occupe d'eux.

Sabrina avait fait un détour par la maison avant d'aller travailler. Elle s'était changée et avait mis un tee-shirt à manches longues pour la soirée. Elle pensait trouver Salem endormi sur son lit, comme d'habitude, mais le chat avait disparu. Juste quand elle voulait lui demander des détails sur Nuée d'argent !
— À quoi cela m'avance-t-il de cohabiter avec l'un des ex-plus puissants sorciers de l'univers s'il n'est pas fichu d'être là quand j'ai besoin de lui ? grommela-t-elle en poussant la porte du café.
— Tu veux un coup de main ? proposa Josh devant sa mine renfrognée. Je suis en général de bon conseil.
Sabrina esquissa un vague sourire.
— Oh... non, merci, balbutia-t-elle.
Le jeune homme était devenu un de ses meilleurs amis depuis qu'elle travaillait là, mais il ne pouvait être d'un grand secours dans le cas présent. Elle ne pouvait cependant pas lui mentir, ni le blesser, sinon le téléphone se remettrait à sonner. Josh l'adorait et la seule chose qui l'empêchait de lui demander de sortir avec lui était qu'elle avait déjà

un petit ami. Sans compter qu'il avait quelques années de plus qu'elle !

— Ne me dis pas que tu t'es disputée avec Harvey... essaya-t-il de deviner.

— Cela n'a rien à voir avec lui, répondit-elle. Sais-tu comment réparer un portable bloqué sur une seule fonction ?

Le visage de Josh s'assombrit.

— Si tu n'as pas envie de me parler de tes problèmes, ce n'est pas la peine d'inventer des excuses débiles, Sabrina. Ne me prends pas pour... (Il leva les yeux au ciel et éclata de rire.) J'ai compris ! C'est un poisson d'avril !

— Oui... bredouilla-t-elle en attrapant son tablier. En quelque sorte...

— Tu commences par les toilettes, d'accord ?

Elle le regarda avec espoir.

— Poisson d'avril ?

— Non. J'aimerais vraiment que tu les nettoies.

Il tourna les talons et continua d'empiler des tasses sur un plateau.

— Je ne suis quand même pas la seule employée à savoir faire le ménage ! C'est toujours moi qui dois m'en charger...

Il y avait peu de monde, comme presque tous les lundis après-midi. Elle sortit les poubelles, remplit les sucriers et le distributeur de pailles, mit une pile de nappes propres sur une étagère et eut même le temps de papoter avec les rares clients qui s'attardaient devant un chocolat chaud.

Josh était de bonne humeur et la première heure passa rapidement sans accroc ni accident.

Sabrina n'avait jamais réalisé que des actes en apparence anodins pouvaient avoir des conséquences désagréables pour les autres. Depuis qu'elle possédait une « conscience ambulante », elle faisait attention à ses moindres propos ou faits et gestes.

— Mademoiselle ! l'interpella une très jolie fille de l'université. Cette cuillère est sale !

— Je vous en apporte une autre tout de suite !

Sabrina posa le verre qu'elle était en train de laver, s'essuya les mains et se baissa pour attraper une cuillère. Le bac était vide.

— Elles sont toutes dans la machine, lui expliqua Josh. Comme le patron veut faire des économies d'électricité, je ne peux la mettre en route que lorsqu'elle est pleine. Tiens, prends celle-ci.

— Il y a de la crème dessus !

— Lave-la.

— J'aimerais boire mon café chaud, s'impatienta la fille. Vu le temps qu'il vous faut pour apporter de quoi le remuer, je n'en aurai plus besoin.

Son amie faillit s'étrangler de rire.

« Moquez-vous de moi et vous verrez ce que je mettrai dans votre café la prochaine fois. »

Sabrina respira à fond pour ne pas perdre son sang-froid et plongea la cuillère dans l'eau savonneuse. Une fois rincée et essuyée – Nuée d'argent ne lui aurait pas pardonné de laisser des bactéries dessus –, elle traversa la salle en direction des deux jeunes pestes.

Elle aurait donné cher pour avoir le droit de changer leur sucre en sable et se demandait si cela ne valait pas la peine de se faire punir. Elle en serait quitte pour présenter des excuses...

« Non ! Surtout, ne pas aller au-devant des ennuis. »

Elle serra les dents et tendit la cuillère à la fille.

— Il n'y a plus de serviette en papier, fit remarquer cette dernière sans même la regarder.

— Je m'en occupe.

Sabrina prit la boîte et alla la remplir avant de la reposer avec délicatesse sur la table.

— Vous désirez autre chose ? proposa-t-elle d'une voix suave.

— Oui. Que vous débarrassiez le plancher afin que nous bavardions en paix.

Son index la démangeait furieusement, quand le portable se mit à sonner...

Josh fronça les sourcils.

Sabrina tira Nuée d'argent de sa poche et s'éloigna pour décrocher.

— *Il faut se réveiller !*

— C'est impossible ! Tu lis dans mes pensées ou quoi ? Ce n'est pas juste !

— *Il faut se réveiller !*

— C'est bon, j'ai compris.

Elle raccrocha et se dépêcha de retourner à la table des deux filles qui froncèrent le nez comme si elle sentait mauvais...

— Je vous présente mes excuses pour toutes les choses horribles que j'avais envie de vous faire, comme mettre des insectes dans votre café, changer votre sucre en sable...

Nuée d'argent se remit à sonner.

— Sabrina ! tonna Josh qui s'était approché d'elle.

— Un instant.

Elle tourna le dos aux filles, au bord des larmes. Elle venait de s'excuser, cela ne suffisait-il pas ?

— *Il faut se réveiller !*

Sabrina se rappela alors le coup de fil qu'elle avait reçu juste après son entretien avec M. Kraft... Le portable la prévenait d'une injustice, quel qu'en fût l'auteur !

« Oh non... Je dois signaler *toutes* les mauvaises actions ! »

Elle ne pouvait vérifier sa théorie qu'en la mettant à l'épreuve.

— Je ne comprends pas pourquoi Josh emploie une empotée comme vous, déclara la jeune cliente avec mépris.

— Vous semblez ignorer une chose très importante, commença Sabrina en déglutissant avec difficulté. Mieux vaut être bizarre que grossière et odieuse comme vous l'êtes. Si vous continuez à vous comporter de la sorte, vous finirez seule et sans amis.

Les filles éclatèrent de rire.

— Ça suffit, Sabrina ! intervint Josh.

— Excusez-moi, lança-t-elle à l'intention des deux pestes avant de battre en retraite vers le comptoir.

— Je vois que tu as un nouveau portable, fit Josh d'un air sévère.

— Oui, et il vient de se taire ! s'écria-t-elle sans cacher sa joie.

— Je suis content pour toi, mais je préférerais que tu le laisses dans le vestiaire pendant ton service.

— Je ne peux pas. Enfin... je l'ai eu aujourd'hui et... euh... je n'ai qu'à l'éteindre, d'accord ?

Elle brandit son téléphone et appuya sur la touche *Off* devant lui.

— Voilà !

Josh se passa la main dans les cheveux, peu convaincu.

— Si je l'entends de nouveau...

— Aucun risque ! Je vais me conduire de façon exemplaire, tu verras.

Pour lui montrer sa bonne volonté, elle prit l'initiative de remplir des filtres à café en prévision d'une affluence soudaine et vérifia s'il y avait assez de couverts propres.

Quelques minutes plus tard, les deux horribles étudiantes vinrent s'accouder au comptoir.

— Comment vas-tu, Évelyne ? s'enquit Josh avec un grand sourire.

— Je ne suis pas du tout contente du service, se plaignit-elle. Mon café avait un goût bizarre et la crème fouettée était aigre. Je ne sais pas si je reviendrai.

— Cela ne se reproduira pas. Je vous offre les consommations d'aujourd'hui.

Drinnng !

« Oh non ! » se désespéra Sabrina en attrapant Nuée d'argent et en l'éteignant le plus vite possible. Elle n'avait pas besoin de répondre pour savoir ce qu'il voulait lui dire.

— Elle ment, Josh !

— Sabrina ! Tu sais très bien que le *client* a toujours raison.

— Sauf quand il a tort ! Son café avait un

goût tout à fait normal et la crème fouettée venait d'être faite.

— Je ne viens pas ici pour me faire insulter, fit observer Évelyne qui bouillait de colère. Veillez aussi à ce que vos employés soient plus polis.

Elle sortit du café en trombe, son amie sur ses talons.

— Elle a un de ces culots ! s'exclama Sabrina en levant les mains au ciel.

— Exact, soupira Josh. Mais c'est aussi la fille du patron et tu es virée.

9

La vérité, rien que la vérité

Sabrina rentra à la maison dans un état second. En une seule journée, elle avait réussi à se faire renvoyer de l'école, à décevoir Harvey, à avoir un F en physique et à perdre son travail au café. Comment Josh avait-il pu prendre le parti d'Évelyne, cette peste prétentieuse ?

— Tout ça parce qu'elle est la fille du patron et qu'il ne veut pas risquer sa place... (Elle claqua la porte tout en continuant de râler.) Maudit téléphone !

— Tu as passé une mauvaise journée ?

Sur le fauteuil, Salem s'étirait paresseusement.

— C'est le moins qu'on puisse dire ! J'aurais encore préféré nettoyer une grotte pleine de chauves-souris ou courir pieds nus dans le Sahara !

Elle lui lança un regard lourd de reproches.

Salem et son stupide poisson d'avril ! Elle poussa un profond soupir. Le blâmer ne servait à rien et se venger rendrait les choses encore plus catastrophiques.

— C'était si horrible que ça ? demanda Hilda installée dans le canapé.

— Je compatis... lança Zelda, affalée à côté de sa sœur. Nous aussi, nous avons eu une journée épuisante. Sauf que, pour une fois, on a réussi à gagner de l'argent plutôt que d'en perdre. Ça change !

— Alors je n'ai plus besoin de rembourser la facture de téléphone ?

— Pas du tout, la détrompa Hilda. Tu es juste conviée à te joindre à nous pour te détendre. Nous avons commandé une pizza et le film va bientôt commencer. C'est *Tarzan contre les chasseurs de trésors*.

— Je ne suis pas contre une part de pizza, mais je me passerai de l'homme singe.

Sabrina s'installa dans un des fauteuils en prenant bien garde de leur cacher Nuée d'argent.

— Je ne suis pas d'humeur à regarder un type se balancer de liane en liane habillé en slip panthère, cela risquerait de me remonter le moral !

— Dans ce cas, regardons plutôt *L'Attaque des extraterrestres* sur la chaîne fantastique, proposa Salem. C'est un classique du genre.

Hilda secoua la tête.

— Pas question, c'est le film le plus mauvais de toute l'histoire du cinéma.

— Ah, si seulement j'avais ma propre télé ! On ne serait pas obligés de se disputer chaque fois.

— Qui parle de se disputer ? rétorqua Hilda. On regarde Tarzan, point final.

— Il y avait beaucoup de monde au café ? s'enquit Zelda.

— Non, c'était très calme.

— C'est pour cela que Josh t'a laissée partir plus tôt ?

Hilda coupa le son pendant les publicités.

Sabrina s'éclaircit la voix et choisit ses mots avec soin :

— Il m'a dit de partir et il était encore tôt.

Elle retint son souffle...

Le téléphone ne réagit pas. Il ne comprenait pas les sous-entendus. Tant mieux !

Elle ne devait pas laisser ses tantes lui poser d'autres questions. Elle ne pourrait pas leur cacher bien longtemps qu'elle s'était fait renvoyer de son travail. Comme cela impliquait aussi qu'elle leur explique pourquoi, elle serait obligée de leur parler de Nuée d'argent et du contrat qu'elle avait signé sans le lire...

Une diversion s'imposait. Elle se leva.

— Vous voulez boire quelque chose ?

— Une menthe à l'eau pour moi, déclara Hilda.

— Pour moi aussi ! fit Zelda, deux doigts en l'air. C'est dommage que tu travailles au café demain, tu aurais pu nous donner un coup de main à la boutique.

— Tu ne serais pas de trop ! On a réalisé trente ventes aujourd'hui.

Salem écarquilla les yeux.

— Votre offre promotionnelle a attiré les foules ? Je n'aurais pas imaginé que les gens courent après des montres rigolotes !

— Seulement six personnes en ont accepté une, avoua Hilda.

— Les affaires reprennent, alors ? reprit Sabrina.

— Pour le moment, oui, acquiesça Zelda. On est même débordées...

— Je suis libre demain, je peux venir vous aider après les cours, si vous voulez.

— Nous déduirons ça de ta facture de téléphone, d'accord ?

— Super !

La jeune fille se dépêcha de gagner la cuisine. Elle croisait les doigts pour que ses tantes ne lui posent pas d'autres questions. Pour l'instant, elle s'en était plutôt bien sortie.

Un coup de tonnerre résonna à l'étage, faisant vibrer les murs de la maison.

— Par ici, les pizzas ! s'écria Salem en

jetant un coup d'œil à l'horloge. Une minute de plus et Illico Pizza nous en devait une gratuite...

Hilda réprima un bâillement.

— Tu veux bien aller les chercher, Sabrina ? demanda-t-elle. J'ai les pieds en compote.

— J'y vais !

Elle s'élança dans l'escalier et ouvrit le battant du placard à linge sur un gobelin rondelet en tablier et coiffé d'un chapeau en forme de champignon.

— Mettez ça sur le compte de Zelda Spellman.

Le livreur bloqua la porte avec son pied griffu.

— Attendez ! Dites au monsieur qui a passé la commande que nous n'avons plus de calmar.

— Ravie de l'apprendre.

— Nous l'avons remplacé par de la méduse crue.

L'estomac de Sabrina se révulsa. Le gobelin esquissa un sourire amusé et lança avec aplomb :

— Et le pourboire, mademoiselle !

— Vous prenez l'argent des mortels ?

— Pourquoi croyez-vous que j'accepte de venir jusqu'ici ? Ce n'est pas avec de la poudre de perlimpinpin que je vais payer mon billet pour la Coupe intersorciers de Combat à mains nues.

Tenant les deux cartons de pizza en équilibre sur une main, Sabrina fouilla dans ses poches et lui tendit un billet de cinq dollars. Puis elle redescendit au salon.

Salem trônait sur la table basse, une serviette en papier nouée autour du cou.

— Celle avec les bouchées de méduse est pour Salem, à moins que vous n'ayez développé une passion récente pour les trucs gélatineux.

— Berk ! grimaça Hilda. Tu t'es encore débrouillé pour avoir une pizza à toi tout seul, Salem !

Le chat bomba le torse, une lueur de malice dans les yeux.

— Je n'ai pas commandé de méduse !

— Ils n'avaient plus de calmar, expliqua Sabrina.

Puis elle lui lança un regard étonné.

— Es-tu certain de vouloir engloutir ça avant de te peser ?

— Il l'a fait juste avant ton retour, dit Zelda. Et il a gagné son pari haut la patte – il a même perdu cent grammes de plus que prévu.

Hilda haussa les épaules.

— Difficile à croire, n'est-ce pas ? Mais notre balance est une merveille de précision.

Sabrina devint soudain livide.

— De combien a-t-il gagné déjà ?

— Cent grammes. Pourquoi ?

Salem fit mine de s'applaudir avant de mordre à belles dents dans sa pizza.

La jeune sorcière calcula rapidement de tête que le chat avait déréglé le pèse-personne de cinq cents grammes... S'il indiquait maintenant qu'il avait perdu un kilo et cent grammes, cela voulait dire en réalité qu'il n'avait perdu qu'un kilo six cents grammes. Salem avait donc *perdu* son pari avec quatre cents grammes en trop !

Oh non !

— Il a triché, déclara-t-elle avant que Nuée d'argent ne l'oblige à le signaler.

— Quoi ? s'exclama le chat, indigné.

— Quoi ? répétèrent en chœur ses tantes.

Hilda retira aussitôt la part de pizza des pattes de Salem.

— Il a déréglé le pèse-personne. Désolée, Salem. C'est tante Hilda qui a gagné.

Salem la dévisageait, interdit. Sabrina se sentait très mal de l'avoir dénoncé de la sorte, hélas elle n'avait pas eu le choix.

— Salem ! Comment as-tu osé ? lui reprocha Zelda d'un ton sévère.

— Nous voilà maintenant avec une pizza que personne ne peut manger ! renchérit

Hilda en pointant l'index sur la boîte pour la faire disparaître.

Salem se mit à plat ventre et, la tête sous les pattes, éclata en sanglots. L'appétit coupé, Sabrina se réfugia dans sa chambre. Elle se jeta sur son lit, au désespoir. Comment se sortir de ce pétrin ? Salem refuserait de l'aider, à présent. Elle ne pouvait en parler à ses tantes. Quant à demander conseil à Gwen, c'était aussi utile que de demander à M. Kraft de la renseigner sur le rock alternatif. Mais bon... elle pourrait toujours lui remonter le moral.

Sabrina tendit machinalement la main vers le combiné, puis se rappela qu'elle n'avait plus le droit de passer des appels internationaux. Il lui restait Nuée d'argent... Elle allait enfin l'utiliser comme téléphone !

— Allô, Gwen. Devine sur quoi je t'appelle ?

— C'est une question piège ?

— Non, j'ai un portable de Sorcières Sans Fil pour un essai gratuit d'une semaine. C'est un Nuée d'argent et il tient dans la poche de mon jean.

— Super !

— Oui, c'est ce que j'ai cru au début, jusqu'à ce que ma vie devienne un enfer.

Elle raconta en détail ses déboires.

— L'elfe ne t'a pas prévenue ?

— Non, elle est restée très vague sur la

fonction réveil et ne m'a pas expliqué qu'il était programmé pour me suivre comme mon ombre.

— Il y a tromperie de leur part. Ils sont obligés de te le reprendre.

— Comment n'y avais-je pas pensé plus tôt ! Gwen, tu es géniale ! Merci.

— De rien. Tiens-moi au courant de la suite.

Sabrina raccrocha et composa dans la foulée le numéro du service clientèle de Sorcières Sans Fil. La voix métallique, désormais familière, répondit.

— Veuillez entrer votre numéro et appuyer sur la touche Chaudron.

La jeune fille écouta patiemment la longue liste des options proposées et poussa un soupir de soulagement en entendant :

— Pour les reprises, faites le trente-quatre.

— Enfin !

— Vous ne pourrez nous rendre votre Nuée d'argent qu'à expiration du temps d'essai : lundi prochain à sept heures quarante-cinq minutes selon votre fuseau horaire. Merci et au revoir.

— Attendez ! J'aimerais parler à l'une de vos opératrices !

Biiiip, biiiip. Il n'y avait plus personne en ligne.

— Je comprends pourquoi ils donnent ces

téléphones gratuitement, maugréa Sabrina. C'est la seule façon pour eux de s'en débarrasser !

Trop énervée pour se mettre au lit, elle sortit faire un tour, marchant au hasard des rues, les yeux fixés au sol. Nuée d'argent semblait peser des tonnes dans sa poche. Devoir réparer ses mauvaises actions était déjà assez pénible sans qu'il faille en plus dénoncer celles des autres ! Si elle pouvait espérer se contrôler le reste de la semaine, comment prévoir les écarts de tous ceux qu'elle croisait...

Ses pas l'amenèrent dans le centre-ville. Il commençait à se faire tard et son estomac se mit à gargouiller. Elle se dirigea vers un glacier. Une bonne crème glacée au chocolat, rien de tel pour vous regonfler le moral. Avec un supplément de chantilly, amplement mérité.

Elle vérifia ce qui lui restait dans son porte-monnaie... et fit la grimace. Maintenant qu'elle avait perdu son travail au café, elle ne pourrait plus se permettre ce genre de dépenses très souvent !

Le magasin était désert. Le vendeur, dos tourné, remplissait le congélateur.

— Monsieur Kraft ? bredouilla Sabrina en se figeant sur place.

— Que faites-vous ici ? riposta-t-il avec son habituel ton autoritaire.

Au même moment, son chapeau en forme

de cône lui retomba sur les yeux, ce qui lui donna un air ridicule. D'un geste digne, il le remit en place, releva ses manches et lissa son tablier où étaient brodés les quarante-deux parfums disponibles.

— Je voudrais une crème glacée au chocolat avec de la chantilly.

— Combien de boules ? grommela-t-il.

— Deux, s'il vous plaît.

Elle s'approcha du comptoir et hésita un instant avant de demander :

— Que faites-vous là ?

— Je vends des glaces. Cela ne se voit-il pas ?

— Je voulais dire, pour quelle raison êtes-vous ici ? Vous avez été renvoyé, vous aussi ?

— Non, je ne me suis pas fait renvoyer, aboya-t-il en enfonçant la première boule dans le cornet. Je n'ai pas eu d'augmentation ni de prime non plus. Mon salaire ne me permettant pas de m'offrir un bateau de pêche avec pont amovible et moteur dernier cri, je travaille ici après l'école. Ma réponse vous convient-elle ou dois-je vous raconter ma vie en détail ?

La jeune fille se baissa à temps – la machine à chantilly venait de s'emballer, aspergeant M. Kraft.

— Voyez un peu ce que vous me faites faire !

Il réussit à arrêter l'appareil et s'essuya le visage avec un torchon. Puis il tendit la glace à Sabrina avec brusquerie.

— Autre chose ?

— Non, merci.

Elle déposa l'argent sur le comptoir et s'éclipsa à la hâte.

— Un instant ! la rappela-t-il.

Elle se retourna avec appréhension. Il se tenait dans l'encadrement de la porte, la mine embarrassée.

— Je vous serais très reconnaissant de n'en souffler mot à personne... Si Mme Markum l'apprenait... Eh bien... vous savez ce qu'elle pense du travail au noir ?

Sabrina sourit.

— Cela restera entre nous, promis.

M. Kraft poussa un soupir de soulagement et, sur un signe de tête, tourna les talons.

La jeune sorcière fit quelques pas puis risqua un dernier coup d'œil par-dessus son épaule. Elle aperçut le principal jeter par terre sa coiffe ridicule et sauter à pieds joints dessus.

— Comme je le comprends...

Elle n'avait pas traversé la rue que son téléphone se mit à sonner.

— Ben voyons ! Je m'en doutais...

Elle raccrocha sans prendre la peine de

répondre et appela aussitôt les renseignements pour demander le numéro de Mme Markum.

— Allô, madame Markum ? M. Kraft dort à son bureau parce qu'il travaille le soir chez le glacier du centre-ville.

10

Maudit téléphone

Tapi derrière les casiers des élèves, le principal bondit sur Sabrina dès son arrivée.

— Lisez ça !

Il lui brandit sous le nez un papier avec l'en-tête du lycée.

La jeune fille demeura interdite. Elle faisait tellement attention à tout ce qu'elle faisait ou disait depuis son réveil qu'elle ne comprit pas tout de suite.

M. Kraft la dévisageait, rouge de colère.

— Qu'est-ce que c'est ? demanda Sabrina.

— Une notification officielle du conseil de l'école ! hurla M. Kraft. Mme Markum demande qu'on réévalue mes compétences avant de renouveler mon contrat. Tout ça par votre faute !

Un pan de sa chemise sortait de son pantalon et sa cravate était de travers.

— Par ma faute ?

Elle feignit l'innocence. Puisqu'elle n'avait pas donné son nom à Mme Markum au téléphone, le principal n'avait aucune preuve contre elle.

— Personne n'était au courant, pour le glacier, rétorqua-t-il en la menaçant de l'index. Pas même ma propre mère, mon ex-femme, ou votre tante Zelda. Personne, sauf VOUS !

Sabrina voulut protester mais garda le silence pour ne pas déclencher l'alarme du téléphone.

M. Kraft se ressaisit, replia la lettre et la glissa dans la poche de sa veste. Il fixa la jeune fille droit dans les yeux et déclara d'une voix tranchante :

— Je ne vous quitterai plus d'une semelle. Au moindre faux pas, c'est la porte !

Il lui adressa un sourire mauvais.

— Que vous n'ayez pas votre diplôme de fin d'année et ne puissiez pas vous inscrire à l'université m'est parfaitement égal. Tout ce qui m'importe, c'est de garder mon poste et m'acheter un bateau de pêche. Compris ?

Glacée d'horreur, Sabrina ne put qu'acquiescer en silence.

La jeune sorcière se réfugia dans les toilettes pendant toute la récréation. Jusque-là, elle avait réussi à ne rien faire de mal et à éviter d'être le témoin d'une mauvaise action.

Maureen Brinks entra et se planta devant la glace pour retoucher son maquillage. C'était une élève un peu farfelue mais studieuse, qui ne devait pas lui poser de problème. Il suffisait de ne pas lui faire de remarque désobligeante sur ses cheveux verts, par exemple...

— Salut, Maureen ! Comment vas-tu ?

— Bien, et toi ?

Les paupières couvertes de paillettes bleu électrique, Maureen appliqua du gloss violet sur ses lèvres.

— Bof. Ça pourrait aller mieux.

Sabrina jouait sur l'ambiguïté des mots depuis la veille pour tromper Nuée d'argent.

— À vrai dire, moi aussi.

Consciente d'être considérée comme un ovni, Maureen se montrait très gentille avec les autres lycéens, espérant ainsi faire accepter ses excentricités. Elle se pencha vers le miroir et cligna des yeux.

— Comment trouves-tu mon nouveau fard à paupières ? Un peu voyant, peut-être ?

La jeune sorcière crut défaillir. Elle devait donner son avis sans mentir... La seule façon de s'en sortir était de noyer le poisson.

— Je ne sais pas. Qui suis-je, après tout, pour juger du maquillage des autres ?

Maureen se tourna vers elle, étonnée.

— Une des filles les plus sympas et les plus

à la mode du lycée ! Tu es jolie, drôle, intelligente, et tu sors avec l'un des garçons les plus mignons de terminale. Voilà pourquoi je te demande ton avis.

Plutôt flatteur... mais bonjour le piège !

— Eh bien... Cela attire le regard et c'est très... chic.

Driiiing !

Sabrina poussa un soupir de résignation, tira Nuée d'argent de son sac et l'éteignit avant de le ranger de nouveau.

— Tu as un portable, et tu ne cherches même pas à savoir qui essaie de t'appeler !

L'apprentie sorcière prit une profonde inspiration. Elle savait ce qu'il lui restait à faire.

— Je dois t'avouer quelque chose, Maureen, commença-t-elle en esquissant un sourire contrit. Tu es gentille et pleine d'humour, et je ne suis pas la seule à le penser, tout le monde t'adore, pourtant si tu continues comme ça, tu vas finir dans la rubrique « monstre de foire » de l'agenda de l'année. Je suis bien placée pour le savoir... je fais partie de la rédaction.

Le visage de la jeune fille s'assombrit et ses épaules s'affaissèrent.

— Tu devrais éviter cette débauche de paillettes et les couleurs criardes. La teinte naturelle de tes cheveux est très jolie, tu peux la garder. En changeant aussi ta façon de t'habiller, tu...

Maureen éclata en sanglots. Elle jeta un regard lourd d'incompréhension à Sabrina et partit en courant.

— Attends ! Je ne voulais pas te blesser ! C'est juste que...

Sabrina se massa les tempes. La vérité n'était pas toujours facile à avouer, ni à entendre.

— Je déteste ce téléphone !

À l'heure du déjeuner, Sabrina fit la queue à la cafétéria, croisant les doigts pour que personne ne lui adresse la parole. Dieu merci, Harvey et Brad étaient à l'atelier du club d'automobile.

Elle attrapa un sandwich au thon, hésita entre une part de tarte aux pommes et un flan aux abricots. Gordie, qui était juste devant elle, prit une crème au chocolat. Il la renifla, la reposa et en choisit une autre.

— Avance, Gordie, lui dit-elle gentiment.

L'ignorant, il goûta la crème avec son doigt, grimaça et remit le pot en place pour l'échanger contre un mille-feuille.

Le portable de Sabrina se mit à sonner.

— Gordie a mis le doigt dans ce pot de crème !

Le téléphone se tut immédiatement.

— Berk ! Cela ne se fait pas ! se récria la fille juste devant lui.

Tous les yeux se braquèrent vers le coupable. Le garçon se figea, rouge de honte. Puis, abandonnant là son plateau, il s'enfuit à toutes jambes, non sans avoir lancé un regard de reproche à Sabrina.

— Je ne te savais pas rancunière à ce point !

« Il croit que je lui en veux de ne pas m'avoir prêté son devoir de physique ! » songea-t-elle avec dépit.

Elle ne tenta pas de se justifier. Même Gordie, génie scientifique du lycée et fan inconditionnel de films fantastiques, ne pourrait comprendre ce que l'obligeait à faire son téléphone.

Sabrina dut déployer des trésors d'imagination pour éviter Harvey et Brad. Mais ils avaient leur cours de maths en commun et la rencontre était inévitable.

Elle était déjà installée en classe quand les deux garçons arrivèrent. Leur professeur, Mme Chen, installait ses affaires sur le bureau quand la sonnerie indiqua le début du cours.

— Salut, Sabrina, murmura Harvey en se glissant à côté d'elle. Désolé pour le déjeuner, M. Anderson exige que la voiture de Glen soit réparée avant la fin de la semaine.

— Ne t'inquiète pas, je comprends.

— Bonjour, Sabrina ! lança Brad.

Il prit place derrière eux, se pencha vers Harvey et lui confia, tout guilleret :

— Plus que cinq minutes et ma journée sera finie !

— Tu es si pressé que ça d'aller chez le dentiste ?

— J'y vais seulement pour un détartrage.

Il tira de son sac la feuille bleue que donnait le secrétariat pour justifier le départ d'un élève en plein milieu d'un cours, et l'exhiba fièrement.

— Je vois que tu as réussi à joindre ta mère pour le mot d'excuse.

Brad étouffa un gloussement.

— Non, elle n'était pas à la maison, j'ai écrit le mot moi-même et j'ai imité sa signature.

Sabrina pivota sur elle-même et le dévisagea avec effroi.

— J'ai bel et bien rendez-vous chez le dentiste ! se défendit-il. Ma mère est au courant et ne m'en voudra pas.

« Et moi, j'ai un téléphone qui va sonner jusqu'à ce que je te dénonce ! »

Mme Chen s'éclaircit la voix et demanda le silence.

La jeune sorcière se retourna et respira à fond pour essayer de garder son calme. Avec un peu de chance, Nuée d'argent ne considérerait pas cela comme une mauvaise action... Brad ne mentait pas tout à fait.

— À plus tard ! chuchota-t-il en se dirigeant vers le bureau, sa feuille de sortie à la main.

Sabrina se raidit, elle comptait les secondes. À cinq, elle se détendit, soulagée de voir que Nuée d'argent laisserait Brad quitter le cours en paix.

À six, il sonna.

— Attendez ! s'exclama-t-elle sans même prendre la peine d'éteindre son téléphone. (Il se taisait de lui-même une fois la mauvaise action signalée.) Brad a imité la signature de sa mère sur son mot d'excuse.

Harvey la fusilla du regard.

— Brad, est-ce vrai ? interrogea le professeur.

Brad fixa Sabrina puis se détourna et acquiesça d'un signe de tête.

— Oui, mais je peux tout expliquer.

— Suivez-moi dans le couloir.

Tous deux descendirent de l'estrade.

— J'ai bien rendez-vous chez le dentiste, sauf que j'ai oublié le mot de ma mère ce matin, c'est pour ça que...

La porte se referma derrière eux, laissant la classe entière sous le choc.

— Je n'arrive pas à croire que tu aies pu faire une chose pareille ! s'indigna Harvey.

Sabrina se contenta de pousser un gros soupir. Que pouvait-elle lui dire ? Il ne pourrait pas comprendre, alors à quoi bon ?

— Pourquoi détestes-tu Brad à ce point ?

Elle haussa les épaules.

Impossible aussi de lui révéler la vraie nature de son ami. Ce n'était pas qu'elle détestait Brad, elle craignait seulement de se voir transformer en souris. Elle n'avait aucune envie de manger du fromage et de courir dans une roue métallique durant les cent prochaines années !

— Il doit bien y avoir une raison... En tout cas, pas question que je joue les arbitres entre vous pendant le match de vendredi.

Assister à ce match lui importait peu, elle pouvait très bien s'en passer. Et c'est d'ailleurs ce qu'elle allait faire ! Ce serait une occasion en moins d'être avec Harvey *et* Brad en même temps. En restant à la maison le plus souvent possible, elle éviterait de déclencher Nuée d'argent.

— Vous devriez aller à ce match sans moi, suggéra-t-elle.

Harvey fronça les sourcils.

— Je croyais que tu ne voulais pas rater cet événement ?

— Oui, mais je n'ai pas envie d'y aller avec Brad.

Il se renfrogna encore plus.

« Si tu savais ce que cela me coûte de te dire ça ! »

— D'abord tu refuses que Brad nous accompagne, ensuite tu l'invites, et maintenant c'est toi qui ne viens plus. Puisque tu n'arrêtes pas de changer d'avis, je vais trancher.

— Comment ça ?

— Je vais au match avec Brad.

Il ponctua sa phrase d'un sourire crispé, puis détourna la tête.

Mme Chen revint en classe. Seule.

Sabrina posa ses coudes sur la table et appuya le menton dans ses mains. Être une sorcière dans le monde des mortels lui donnait l'impression parfois d'être une mouche en plein cyclone. Elle n'avait aucune chance de s'en sortir indemne.

La sonnerie qui annonçait la fin des cours la délivra enfin de son cauchemar. Elle se dépêcha d'aller chercher ses affaires et de rentrer chez elle avant de se fâcher avec un autre de ses camarades. Elle faillit heurter Dreama qui venait à sa rencontre.

— Qu'est-ce qui ne va pas ? s'écria cette dernière en se passant la main sur le visage.

Est-ce que je suis tout orange ? J'ai une barbe, c'est ça ?

— Non, c'est juste que je ne m'attendais pas à te voir.

— Ouf ! J'ai cru que mon sort pour avoir meilleure mine avait loupé, surtout que j'ai ajouté...

— Plus un mot !

Sabrina voulait couper court à toute confidence, de peur de voir Dreama allonger la liste des gens qu'elle devait dénoncer.

— Quoi que tu aies fait, je ne veux pas le savoir. En vérité, tu me rendrais service en restant loin de moi jusqu'à la semaine prochaine.

— Je croyais que nous étions amies ! se récria Dreama, froissée.

— Justement ! J'aimerais qu'on le reste.

Elle s'enfuit sans rien ajouter.

— Puisque tu le prends comme ça, Sabrina, je ne te parlerai plus ! J'ai plein d'autres amis, je n'ai pas besoin de toi.

« Bien vu ! Avec des amies comme moi, plus la peine de se faire des ennemis... »

Sabrina traversa l'école en réprimant ses sanglots. Sa vie s'était métamorphosée en enfer depuis deux jours... Nuée d'argent la forçait à être odieuse avec tout le monde, incapable qu'il était de faire des nuances, de comprendre qu'il vaut mieux parfois ne pas dire la vérité.

« Je ne vais pas passer le reste de la semaine cloîtrée à la maison ! »

Il y avait de quoi devenir ermite, en effet.

Elle se souvint alors d'avoir promis à ses tantes de leur donner un coup de main à la boutique... Elle ne pouvait pas se décommander à la dernière minute.

La jeune fille se détendit pour la première fois de la journée. Elle allait enfin passer quelques heures sans craindre à chaque instant d'avoir à dénoncer quelqu'un.

11

Sabrina, apprentie rapporteuse

Salem feignait de dormir sur le banc de l'arrière-boutique. Il boudait parce que les sœurs Spellman l'avaient forcé à les accompagner sous prétexte qu'on ne pouvait pas lui faire confiance... Comme s'il allait piller le frigo pendant leur absence... Il ne savait même pas l'ouvrir ! Quelle injustice ! Et tout ça à cause de Sabrina.

La jeune fille entrait justement dans la boutique.

— Bonjour, ma puce ! s'écria Hilda. Tu arrives bien ! On va enfin pouvoir s'accorder une pause...

— Je mets mes affaires dans la réserve et je prends la relève !

Salem fronça le nez en la voyant arriver.

— Tiens, voilà Sabrina, l'apprentie rapporteuse ! Oups, j'avais oublié que je ne t'adressais plus la parole...

Il bondit du banc et se faufila sous une étagère.

— Salem ? C'est toi ?

La jeune fille se figea dans l'attente d'une réponse, puis crut avoir rêvé. Elle posa ses livres sur la table et trébucha dans un carton, renversant un lot de boulons qui s'éparpillèrent dans toute la pièce.

— Aïe !

Le cri venait de sous l'étagère. Elle se pencha et aperçut deux yeux qui lui lançaient des éclairs.

— Qu'est-ce que tu fais là, Salem ? Je savais bien que c'était toi...

Il se glissa hors de sa cachette, passa devant elle, la truffe en l'air, et sauta sur le banc où il se roula en boule.

— Écoute, je suis désolée pour hier soir.

Sabrina avait l'air sincèrement navrée, mais Salem avait la rancune tenace. D'autant qu'il avait l'estomac vide.

Elle le caressa avec douceur ; il détourna la tête.

— J'étais *obligée* d'avouer à tante Hilda que tu avais triché. C'est à cause de ce maudit téléphone !

Salem claqua la langue et grogna quand elle le souleva pour le forcer à la regarder.

— Salem, s'il te plaît, laisse-moi une chance de t'expliquer !

Il se couvrit les oreilles de ses pattes.

Elle insista.

— Nuée d'argent ne sonne pas seulement quand *je* fais une bêtise, il sonne quand *n'importe qui* autour de moi en fait une.

Le chat risqua un œil entre ses griffes. Il s'en voulait de céder à la curiosité, mais c'était plus fort que lui.

— Eh bien, dis donc... Combien te reste-t-il d'amis au lycée ?

— Ceux à qui je n'ai pas parlé aujourd'hui...

Elle s'assit et installa Salem sur ses genoux, abattue rien que d'y repenser.

— Cela ne compense pas un mois entier de croquettes allégées et d'eau plate, enfin bon... commenta le chat. En parlant de nourriture, tu n'aurais pas un biscuit ou deux dans ton sac ?

— Non. De toute façon, je ne pourrais pas te les donner. Le téléphone ne me permettrait pas d'aider un goinfre à manger en cachette alors qu'il est supposé suivre un régime. Je devrais le rapporter à tante Hilda.

— C'est bien ma veine ! Tu ne peux vraiment rien faire ?

— Non, pas avant lundi prochain. J'aurais dû me douter qu'une offre aussi alléchante dissimulait un piège...

— Moi qui comptais sur toi pour ne pas

mourir de faim ! Tu étais censée te faire pardonner ta trahison en chapardant dans le frigo...

Il fit mine de s'évanouir. Sabrina demeura de marbre.

— Tes tantes trouveront un moyen d'annuler le contrat, réprit-il.

— Sauf qu'elles ne sont pas au courant... Je n'ai rien osé leur dire après le sermon qu'elles m'ont infligé. « On n'a rien sans rien », tu sais bien, ce genre de raisonnement... Si je dois tirer la leçon de mes erreurs, c'est chose faite !

— À qui le dis-tu ! Je n'ai pas été transformé en chat par le Conseil des Sorciers pour rien... Quand je pense que j'étais à deux doigts de devenir le maître du monde !

— Tu ne vas pas aller leur répéter ce que je viens de te confier, alors ?

Salem hésitait. Sabrina ne l'avait pas dénoncé à Hilda de son plein gré, certes, mais de là à passer l'éponge...

— Peut-être. Peut-être pas. Vengeance ou pardon ? Je dois réfléchir.

— C'est déjà un début, soupira-t-elle en se levant.

— Allô ? Ne coupez pas... Tu ne me fais pas de propositions plus intéressantes ?

— Tu voudrais que j'achète ton silence ?

Il n'en est pas question ! C'est précisément ce que je n'ai pas le droit de faire.

— Dans ce cas, quel intérêt ai-je à te couvrir ?

Elle se contenta de hausser les épaules.

Il se frotta l'estomac, dépité. À quoi rimait de vendre la mèche à Hilda et à Zelda si Sabrina s'en moquait !

Hilda poussa du pied un carton plein de papiers sous le comptoir.

— Comment s'est passée la journée au lycée ?

— J'ai survécu...

Zelda lui adressa un sourire compatissant.

— Pas toujours facile, hein ? C'est la première fois aujourd'hui qu'on a le temps de souffler un peu.

— Que voulez-vous que je fasse pour vous avancer ?

Sabrina tira sur son tee-shirt, cherchant à masquer la poche revolver où elle avait rangé son portable.

— Reste à la caisse. On s'occupera des clients, répondit Hilda en lui tapotant l'épaule.

Sabrina croisa le regard de tante Zelda et se raidit. Cette dernière la fixait avec l'air qu'elle prenait chaque fois qu'elle avait quelque chose d'important à lui annoncer et tournait autour du pot.

Zelda arrangea quelques montres dans une des petites vitrines.

— As-tu vu Willard, aujourd'hui ? s'enquit-elle avec désinvolture.

— Ce pleurnichard avec qui tu sors pour des raisons que personne ne comprend ? ironisa Hilda.

— Oui, à l'école, comme d'habitude...

Le principal avait-il dit à sa tante qu'il ferait tout pour qu'elle soit renvoyée ? Lui avait-il rapporté son exclusion de la veille ? Elle avait l'impression d'être ligotée sur des rails de chemin de fer tandis qu'un train fonçait droit sur elle.

Elle devait s'en tenir à la stricte vérité.

— Avec qui je suis *censée* sortir... corrigea Zelda.

— Comment ça, « censée » ? s'étonna Sabrina.

— Si tu avais un minimum de bon sens, tu romprais ! s'écria Hilda. Il n'en vaut pas la peine !

— Je crois plutôt que c'est *moi* qui n'en vaux pas la peine...

La mine renfrognée, Zelda faisait maintenant les cent pas dans la boutique en se rongeant les ongles.

— Il m'appelle toujours en coup de vent et

n'a plus jamais de temps pour moi. Cela fait deux semaines qu'on ne s'est pas vus. (Elle implora sa nièce du regard.) Est-ce que tu aurais remarqué quelque chose de bizarre chez lui ?

— M. Kraft est *toujours* bizarre...

— Ravie de constater que je ne suis pas la seule à le penser ! s'exclama Hilda.

— Vous croyez qu'il veut me laisser tomber mais qu'il n'ose pas me le dire ?

— Il ne manquerait plus que ça ! s'indigna sa sœur. La honte...

— Ne t'inquiète pas, tante Zelda, la rassura Sabrina. Il n'a plus de temps à te consacrer parce qu'il travaille le soir chez le glacier du centre-ville. Je l'ai vu hier.

— Il vend des glaces ? s'esclaffa Hilda, les yeux écarquillés. Enfin un emploi dans ses cordes !

Le visage de Zelda s'illumina soudain.

— Oh, comme il est adorable ! Je lui ai montré une brochure sur des croisières dans les Caraïbes... Il veut sans doute me faire une surprise !

Sabrina se mordit les lèvres. La vérité serait décevante, pourtant Nuée d'argent ne permettrait pas qu'elle laisse sa tante se bercer d'illusions.

— En fait, il m'a avoué que c'était pour acheter un bateau.

— Un bateau ? répéta Zelda, furieuse.

— C'est ce qu'il m'a raconté.

— Je ne sais pas ce qui te met en colère comme ça, mais je suis d'accord avec toi, enchaîna Hilda en feignant l'indignation. Quel mufle !

— Je n'en reviens pas... murmura Zelda. Savez-vous qu'il me fait payer la moitié de l'essence quand on va en promenade ? Et qu'on partage toujours l'addition au restaurant ?

— Quel radin !

Des clients entrèrent, ce qui mit un terme à la conversation.

Ouf ! Tant qu'il y aurait de l'activité dans la boutique, Sabrina serait à l'abri des ennuis. Elle prétexterait une tonne de devoirs pour s'enfermer dans sa chambre le reste de la soirée.

Hilda partit s'occuper d'une femme en blouson noir qui tenait son casque de moto sous le bras, tandis que Zelda s'empressait auprès d'une vieille dame vêtue d'une robe à fleurs.

— Coucou ! lança Salem en sautant sur le comptoir. Je viens vous tenir compagnie.

— À condition que tu ne fasses pas de bêtises ! l'avertit Sabrina.

Il s'étira de tout son long avant de s'asseoir à côté de la caisse.

— Ne t'inquiète pas, je ne suis pas un traître, *moi*.

— Chut !

Tous deux se turent et attendirent patiemment que les clientes aient réglé leurs achats. Sabrina rêvait d'une tasse de café au lait ! Mais elle n'osait aller en chercher une, de peur de croiser Josh.

— Je veux une de vos montres rigolotes ! insistait la motarde.

— Vous devez acheter quelque chose pour l'avoir. Elles ne sont pas à vendre !

— Ce n'est pas ce que dit votre prospectus !

— Bien sûr que si ! Une montre rigolote est offerte pour tout achat.

— C'est ce qui est écrit, mais ce n'est pas ce qu'*affirme* le prospectus !

La jeune femme brandit le papier en l'air.

Sabrina consulta Salem du regard et lui murmura du coin des lèvres :

— Tu comprends quelque chose à ce charabia ?

— Il vaut mieux que tu restes dans l'ignorance, crois-moi !

Hilda s'empara du prospectus et tendit une montre à la jeune femme.

— Tenez ! Prenez-la et n'en parlons plus. Au revoir.

— Merci.

La motarde eut un sourire victorieux et tourna les talons.

Zelda laissa la vieille dame se décider seule pour une montre classique ou une montre à quartz et suivit sa sœur derrière le comptoir.

— Que s'est-il passé ?

— Un prospectus défectueux.

Sabrina n'en crut pas ses yeux quand un visage en relief s'anima sur la feuille de papier :

— Salut ! Va chez les Spellman prendre une montre rigolote. Elles sont gratuites.

— Un prospectus magique !

Elle regarda ses tantes tour à tour, espérant de tout son cœur qu'elles allaient la détromper. Comme elles restaient silencieuses, elle essaya de trouver une explication rationnelle à ce phénomène :

— À moins qu'il ne s'agisse d'une formidable avancée technologique des scientifiques mortels, connue seulement d'une poignée de privilégiés ?

— Il ne faut pas rêver ! Bien sûr que c'est un prospectus magique, lui avoua Hilda en le rangeant avec les autres. Et ils sont plutôt efficaces, à part celui-ci.

— Oh-oh... fit Salem à l'adresse de Sabrina.

— Je reviens tout de suite ! lança celle-ci, et elle se précipita dans la réserve.

Elle sortit son téléphone et le fixa, le cœur battant.

Driiiiing !

— *Il faut se réveiller !*

— Oh non ! Ça recommence !

Ses tantes étaient les dernières personnes qu'elle aurait soupçonnées d'enfreindre les lois !

— *Il faut se réveiller !*

— J'ai besoin de la ligne ! grogna-t-elle pour qu'il se taise.

Ce qu'il fit aussitôt, comme s'il devinait son intention.

La jeune fille composa le 119, le numéro d'urgence des sorciers.

— Police de l'Autre Royaume, je vous écoute. Quel est l'objet de votre appel ?

— J'aimerais signaler une infraction au code d'utilisation de la magie chez les mortels. Mes...

Hilda et Zelda firent irruption dans la pièce. Salem se faufila entre leurs jambes et vint se planter devant Sabrina.

— ... tantes se servent de la magie pour faire fortune.

Les deux sœurs dévisagèrent leur nièce avec horreur puis disparurent subitement dans un nuage de fumée.

Anéantie, Sabrina s'écroula par terre et prit le chat dans ses bras.

— Salem... Dis-moi que je n'ai pas fait ça...

— Tu viens seulement de dénoncer les deux seules personnes capables de...

Ce fut au tour de Sabrina de s'évaporer.

— ... t'aider ! acheva-t-il en clignant des yeux. Ben, et moi ? Qu'est-ce que je deviens ? Me revoilà coincé dans cette fichue boutique sans rien à me mettre sous la dent ! C'est injuste !

Il commençait à paniquer quand la vieille dame passa la tête par la porte.

— Il y a quelqu'un ?

Elle adressa un grand sourire à Salem avant de retourner poser deux billets de vingt dollars à côté de la caisse.

— Je prends le bracelet-montre ! lança-t-elle dans le vide.

Puis elle sortit tranquillement.

Salem bondit sur le comptoir, les yeux étincelant de joie.

— Voilà de quoi me payer un festin chez le traiteur du coin !

12

Coupables ou non coupables

Sabrina se retrouva à la barre des témoins de la cour de justice des sorciers. Ses tantes étaient assises sur le banc des accusés.

— Je suppose que tu as une explication, tonna Zelda qui la foudroyait du regard.

— Je vois mal ce qui pourrait justifier ce qu'elle vient de faire, fit remarquer Hilda.

Les membres du jury se tournèrent vers la jeune fille d'un seul bloc.

Elle fixait ses tantes sans pouvoir articuler un mot. Des projecteurs étaient braqués sur elles, laissant dans l'ombre le reste de la salle.

— Eh bien...

— Objection ! s'écria un sorcier très maigre affublé d'une culotte bouffante multicolore et d'un chapeau à clochettes.

Il devait avoir pour fonction de divertir le public lors de procès jugés trop austères.

— Mais je n'ai encore rien dit ! riposta Sabrina.

— Chut ! lui intima une femme toute ridée à côté d'elle.

Elle avait des cheveux gris en bataille et un nez crochu surmonté d'une énorme verrue.

— Qui êtes-vous ?

Aussitôt, la vieille dame la réduisit au silence en lui zappant brièvement une fermeture Éclair à la place de la bouche. Puis elle lui brandit une carte de visite lumineuse où on pouvait lire : « Martha Harding, meilleure avocate à la cour. » La jeune fille poussa un soupir de désespoir.

— Levez-vous ! annonça l'huissier.

Elle jeta un regard désespéré à ses tantes et s'exécuta. Ces dernières n'avaient d'yeux que pour un charmant jeune sorcier qui venait d'apparaître à leurs côtés. Costume strict noir et cravate rouge vif, il arborait un sourire ravageur ! Il se lissa les cheveux en arrière et leur adressa un clin d'œil complice.

« Comment se fait-il qu'elles aient un avocat super-mignon et moi une horrible sorcière ? »

— L'honorable et illustrissime juge Sentence Maximum Logan ! s'exclama l'huissier avec une voix de présentateur télé.

Un homme en longue toge noire et perruque blanche fit son entrée au milieu d'un nuage de fumée bleue. Il avait un gros nez rubicond et un ventre rebondi. Il monta sur l'estrade sous un tonnerre d'applaudissements puis frappa un coup de maillet..

— Vous pouvez vous asseoir, déclara-t-il.

Il s'éclaircit la voix et tira le chat coincé dans sa gorge. Le tenant à bout de bras, il enchaîna :

— La cour va entendre maintenant l'affaire numéro trois million quarante-huit : le Conseil des Sorciers contre Hilda et Zelda Spellman.

— Est-ce aussi grave que ça ? s'enquit Sabrina.

Martha lui intima de garder le silence en lui zappant de nouveau une fermeture Éclair à la place de la bouche.

Le juge exigea le calme. Il frappa tellement fort avec son maillet qu'il le cassa en deux.

L'huissier prit le chat sous son bras.

— La charge retenue contre les accusées est la suivante : utilisation de la magie pour faire fortune dans le monde des mortels. Plaidez-vous coupables ou non coupables ?

Le bel avocat de la défense se leva.

— Mes clientes plaident coupables, Votre Honneur.

— Pas du tout ! s'exclama Hilda. Nous ne sommes pas coupables.

— En fait, nous sommes coupables mais pas responsables, corrigea Zelda.

— Voilà, acquiesça sa sœur.

— Bien, fit le juge. (Puis il se tourna vers Martha :) Pouvez-vous prouver qu'elles ont délibérément utilisé la magie pour gagner de l'argent ?

— Oui. J'ai des preuves formelles de leur culpabilité ainsi qu'un témoin oculaire.

Elle se leva et zappa. Un prospectus apparut en l'air, bien en évidence devant les jurés. Un visage en relief se forma et s'adressa au public :

— Ne perdez pas une minute de plus, courez chez les Spellman ! Une montre rigolote magique vous sera offerte pour tout achat.

— C'est vrai ? s'étonna le juge. J'ai payé la mienne un prix exorbitant !

— Votre Honneur, le rappela à l'ordre l'avocate. Même si les prospectus commandés par les accusées n'étaient pas ceux-là, elles n'ont eu aucun scrupule à s'en servir pour escroquer les mortels après s'être rendu compte de leurs propriétés magiques.

— Est-ce la vérité, maître Wickham ? demanda le juge à l'avocat des deux sœurs.

— Absolument, Votre Honneur.

— Attendez ! intervint Hilda en levant la main. Comment se fait-il que nous soyons traduites en justice ? Que faites-vous des circonstances atténuantes ?

Le juge leur montra Sabrina du doigt :

— C'est elle qui vous a dénoncées.

— Mmmmmmhumpf...

L'adolescente donnait des coups de coude frénétiques à son avocate.

— Puis-je avoir l'autorisation de rendre la parole au témoin, Votre Honneur ?

Martha se tenait raide comme un piquet, l'index pointé vers le visage de Sabrina, et attendait la réponse.

— Oui, maître.

La jeune fille bondit sur ses pieds dès qu'elle eut les lèvres descellées. Elle brandissait Nuée d'argent.

— Je ne *voulais* pas vous dénoncer, j'y étais *obligée* ! se défendit-elle. Ce portable gratuit de chez Sorcières Sans Fil me force à dire la vérité quelles que soient les circonstances !

Hilda et Zelda échangèrent un regard consterné. Elles secouèrent tristement la tête.

— Je suppose que vous en avez entendu parler ? ajouta leur nièce, les épaules affaissées.

Hilda haussa les sourcils.

— C'est l'arnaque la plus connue de l'annuaire des sorciers ! Tout a commencé par le bouche à oreille et s'est répandu comme une traînée de poudre.

Sa sœur approuva :

— Tu sais bien que certains sorciers adorent faire des farces à ceux qui vivent dans le monde des mortels. Ça les amuse de nous compliquer la vie.

— Les conséquences sont parfois désastreuses, renchérit Hilda.

— Comment pouvais-je le deviner ?

Ce n'était pas une excuse, bien sûr, mais Sabrina n'en revenait pas que Nancy ne lui en ait même pas glissé un mot. Eh bien, Sorcières Sans Fil allait s'en mordre les doigts. Se tournant vers le juge, elle déclara avec véhémence :

— Votre Honneur, j'aimerais poursuivre Sorcières Sans Fil pour escroquerie. Le produit ne correspond pas à ce que la société prétend offrir.

Maître Wickham s'avança vers la barre et lui tendit une carte de visite.

— Je serais ravi de vous représenter dans cette affaire.

— Ne vous donnez pas cette peine, répondit la jeune fille. Je préfère garder Martha.

— Parfait ! s'exclama cette dernière qui zappa un énorme dossier dans ses mains. Comme ce cas relève d'une affaire de droit courant, la procédure peut commencer immédiatement, article trois, quatre et... hum... neuf de...

— Maintenant ? s'inquiéta le magistrat. Je dois être sur Mars dans cinq minutes pour donner le coup d'envoi du meeting des magiciens.

— Je retire ma plainte si vous acquittez mes tantes, proposa l'apprentie sorcière.

Martha se raidit.

— Vous voulez un avocat, oui ou non ?

— Cela dépendra de la décision du juge.

M. Sentence Maximum se gratta le menton et consulta sa montre d'un air ennuyé.

— Que diriez-vous d'un compromis ? Vous retirez votre plainte, j'abandonne les charges retenues contre vos tantes et je clos le dossier en accordant les circonstances atténuantes.

Sabrina consulta ses tantes du regard. Hilda et Zelda lui firent signe de dire oui.

— J'accepte !

Le tribunal, les jurés et les avocats disparurent en un clin d'œil, laissant Sabrina et ses tantes dans un rond de lumière qui baissait lentement.

— Vous m'en voulez beaucoup, n'est-ce pas ?

— Je suis surtout très déçue, rectifia Zelda.

Tu aurais pu éviter tout ça en te confiant à nous.

— Oui, avant *et* après avoir signé avec Sorcières Sans Fil. Enfin, nous en reparlerons plus tard. Rentrons à Westbridge.

— M'auriez-vous caché autre chose, toutes les deux ? demanda Zelda d'une voix sévère.

— Non... fit Sabrina en baissant les yeux.

— Moi non plus, murmura Hilda. Allez, dépêchons-nous. Quand les souris ne sont pas là, le chat danse !

— Déjà de retour ? s'écria Salem en essayant de cacher son assiette d'amuse-gueule frits.

— Je vois que tu n'as pas perdu de temps ! le gronda Hilda en le poussant pour retirer son plat. Comment t'es-tu procuré ça ?

Il regarda son dessert s'éloigner sans broncher. Il avait déjà englouti deux boîtes de thon et des beignets de crevettes.

— Vous n'allez pas me croire, mais c'est fou ce que les gens sont gentils avec les infortunés matous abandonnés sans nourriture ni boisson au fond d'une réserve obscure...

Sabrina serra Nuée d'argent contre sa poitrine.

— J'espère que tu ne leur as pas parlé ! Je me suis fait assez d'ennemis pour aujourd'hui !

Zelda lança un regard peu amène à sa nièce.

— Que cela te serve de leçon. Tu as voulu cet abonnement, à toi maintenant d'en assumer les conséquences.

— Tant pis pour toi ! renchérit Hilda. Quand pourras-tu rendre ce téléphone ?

— Pas avant lundi matin. Je sens que la semaine va être longue...

— Si cela peut te rassurer, reprit Salem, je n'ai pas eu besoin de dire un seul mot. Les clients ont compris que je mourais de faim rien qu'en me voyant me traîner par terre et miauler comme un désespéré.

— Combien de ventes avons-nous ratées ? demanda Zelda.

— Aucune. J'y ai veillé. Et comme je ne pouvais rendre la monnaie, je l'ai gardée !

Il appuya sur un bouton et le tiroir-caisse s'ouvrit dans un cliquetis.

— Pas question, fit Zelda.

Et elle déplia les billets et les répartit dans les bons compartiments.

Salem se redressa et fouetta l'air de sa queue en signe de mécontentement.

— N'y a-t-il pas de lois contre l'exploitation des chats ? Tout travail mérite salaire, non ?

— Je crois que tu t'es déjà servi royalement, objecta Hilda, et elle pointa l'index sur l'assiette de friture qui disparut aussitôt.

Un petit tas d'amuse-gueule resta sur la table...

— C'est gentil de ta part, mais tu aurais pu me laisser l'assiette !

Une lueur d'espoir passa dans ses yeux. Hilda n'était peut-être pas si dure que ça... Avec un peu de chance, elle ne le mettrait pas complètement au régime.

— Que t'arrive-t-il, Hilda ? s'inquiéta sa sœur.

— Je ne sais pas. Je n'ai pourtant rien senti de particulier. Je n'ai pas de crampe... (Elle plia et déplia ses doigts.) On ferait mieux de fermer la boutique.

— Enfin ! s'exclama le chat. Je vais pouvoir retrouver mon canapé moelleux !

— Allons-y, fit Zelda en pointant sur la pancarte accrochée à la porte.

Mais, au lieu de se retourner pour indiquer aux passants que l'horlogerie était fermée, la pancarte resta coincée sur la tranche.

— Essaie encore une fois, suggéra Hilda avec une angoisse grandissante.

Zelda pointa de nouveau l'index. La pancarte bougea à peine.

— Sabrina, à ton tour ! lança Hilda, au bord de la crise de nerfs.

— D'accord.

La pancarte se mit correctement en place.

La jeune fille fit également disparaître le reste des amuse-gueule.

Au même moment, dans la réserve, le grille-pain cracha un message.

Tous se précipitèrent. Hilda fut la plus rapide. Elle ouvrit l'enveloppe avec fébrilité.

— Qu'est-ce que c'est ? demanda Zelda en regardant par-dessus l'épaule de sa sœur.

— Une lettre du tribunal ! Le juge Sentence Maximum nous envoie ses honoraires pour les frais de dossier et d'instruction.

— Quoi ?

— Nos pouvoirs ne fonctionneront qu'à moitié jusqu'au règlement intégral de la facture.

Zelda s'écroula sur le banc.

— Combien de temps cela va-t-il nous prendre ?

— Je ne sais pas. Ce n'est pas stipulé sur la facture.

La feuille glissa des doigts de Hilda. Les deux sœurs n'en revenaient pas...

— Hum... Il vous reste la moitié de vos pouvoirs, c'est mieux que rien, non ? risqua Sabrina.

— Cela ne sert pas à grand-chose... objecta Hilda. Chaque fois qu'on voudra lancer un sort, il ne se réalisera qu'à moitié, et ainsi de suite.

Salem ne put s'empêcher de glousser. Il trouvait la situation plutôt comique.

— Pauvres de nous ! geignit Hilda.

— Voyez le bon côté des choses ! les taquina Salem. Maintenant vous savez ce que je ressens tous les jours.

13

Seule au monde

— Assieds-toi ! Tous ces aller-retour me donnent le tournis !

Salem s'étira et planta ses griffes dans le couvre-lit de Sabrina.

— Désolée, mais je ne tiens pas en place.

Elle consulta son réveil. Cela faisait dix fois qu'elle composait le numéro de Harvey mais elle raccrochait à la dernière minute, soudain prise de panique.

— Je ne comprends pas pourquoi un match de basket te met dans un état pareil ! Moi, j'ai des raisons de me plaindre...

— Ce n'est qu'un régime d'un mois.

Salem se figea net et la fixa droit dans les yeux.

— Oui, c'est bien là le problème ! La soirée miaulante a lieu ce soir et je suis tellement faible que je n'ai même plus la force de ron-

ronner. Je vais devoir rester à la maison pour ne pas me ridiculiser devant Trinket.

— Qui est Trinket ?

— La jolie persane qui vient d'emménager à quelques pâtés de maisons d'ici. Tu ne crois quand même pas que j'ai accepté ce pari juste pour faire plaisir à Hilda !

— Je reconnais que c'est dur, mais tu auras ta chance le mois prochain. Tandis que moi...

— Il ne s'agit pas d'un banal match de basket. C'est une rencontre décisive pour notre équipe. Elle joue ce soir sa place en finale du championnat régional. Bon, est-ce que j'appelle Harvey ?

Salem dressa les oreilles.

— Il te parle encore ?

— Il ne m'a plus adressé la parole après la retenue que M. Kraft lui a donnée à cause de moi. Il était arrivé en cours d'histoire avec trente secondes de retard. Mais peut-être voudra-t-il bien me pardonner...

Elle se renfrogna.

— À moins qu'il ne soit vraiment fâché d'avoir à payer une amende de dix dollars pour ne pas avoir rendu ses livres à temps à la bibliothèque. Là encore, j'ai dû le dénoncer.

Elle enfouit son visage dans ses bras.

— Ce n'est pas juste... J'ai mis trois ans pour me débarrasser de l'étiquette de ringarde et je viens de tout ruiner en quatre jours. Plus personne ne veut me parler !

— Pas étonnant, avec ton téléphone prêt à sonner toutes les deux minutes...

Salem s'étira de nouveau et s'assit.

Sabrina poussa un profond soupir. Comment en vouloir aux élèves de son lycée de la fuir comme la peste ?... À elle seule, elle avait signalé une bonne dizaine de retards, brisé un couple, blessé des gens qu'elle adorait et rempli la salle de permanence pour la semaine !

— Je fais le vide autour de moi encore plus vite que M. Kraft ! C'est dire...

— Quel exploit ! Ce vieux grincheux a pourtant des années d'expérience derrière lui. Je suis persuadé qu'il est ravi de t'avoir à ses côtés !

— Je lui sers d'informateur au sein même des élèves... Mais ça l'ennuie de ne pouvoir rien me reprocher depuis quelques jours alors qu'il cherche à me renvoyer. Ce n'est vraiment pas drôle d'aller à l'école quand le principal est l'unique personne qui daigne te parler !

— Ne t'en fais pas, la rassura Salem en se blottissant contre sa jambe. Quand Zelda le laissera tomber parce qu'il préfère un bateau de pêche à une croisière en amoureux avec elle, il ne t'adressera plus la parole non plus !

La jeune fille releva le menton.

— Oui, c'est la seule bonne nouvelle de toute la semaine...

Le regard perdu dans le vague, elle se rendait compte à quel point sa vie était devenue un enfer. Même Dreama l'évitait.

Sabrina avait pour mission de superviser son stage chez les mortels et de l'aider. Comme elles étaient devenues amies, elle omettait de rapporter dans son rapport mensuel toutes les bêtises et les dérapages de la stagiaire. Mais, cette fois-ci, elle avait bien été obligée d'avouer au Conseil des Sorciers que la potion que Dreama avait essayé de préparer pour renforcer ses ongles l'avait dotée de griffes acérées ! Elle n'avait pas été plus inspirée en jetant cette mixture dans le lavabo du laboratoire de chimie, car, l'eau ayant le pouvoir de la solidifier, toute la tuyauterie de l'école s'était bouchée. La sorcière maladroite ne l'avait pas fait exprès, mais Nuée d'argent ne voulait rien savoir.

— Alors, vas-tu appeler Harvey pour le rejoindre, oui ou non ?

— Non. Si j'assiste au match, je devrai reprendre l'arbitre chaque fois qu'il se trompera... Je n'ai pas envie de me mettre tout le stade à dos !

— Vu sous cet angle, mieux vaut rester à la maison.

— Pour moi comme pour les autres !

Sabrina avait déjà prévu de passer le week-end cloîtrée chez elle. Ses tantes n'avaient pas plus l'intention qu'elle de sortir, à cause de leurs pouvoirs déficients.

Salem bondit sur le rebord de la fenêtre, écarta les rideaux, scruta la rue et poussa un gros soupir.

— Ce n'est que justice... Par ta faute, je ne peux pas épater Trinket à la soirée miaulante, alors il n'y a aucune raison que tu t'amuses. J'espère seulement qu'elle ne va pas tomber amoureuse d'un vulgaire chat de gouttière !

— Je suis sincèrement désolée, Salem. Tu n'aurais pas perdu le pari contre tante Hilda si je n'avais pas déréglé la balance.

— Eh oui ! Rien n'est facile quand il s'agit d'amour, de politique ou du 1er avril...

Il tourna le dos à la fenêtre et testa sa voix, mais il ne réussit à émettre qu'un faible râle. On aurait dit un chaton qui venait de naître !

— Je suis pathétique !

La jeune fille se leva, fourra le portable dans sa poche et se dirigea vers la porte.

— Je descends voir l'ampleur des dégâts.

— Je t'accompagne. Un peu de distraction sera la bienvenue.

Hilda et Zelda utilisaient leurs pouvoirs pour effectuer des tâches quotidiennes depuis si longtemps qu'elles ne s'en rendaient même plus compte. D'habitude, cela ne causait aucun problème, mais depuis que leurs sorts ne se réalisaient qu'à moitié la maison était sens dessus dessous. Comme elles voulaient vérifier à chaque instant si leur facture était réglée, elles n'arrêtaient pas de zapper, ce qui n'arrangeait rien. Leur nièce passait derrière elles depuis trois jours pour annuler les sortilèges ratés et finissait par être à court de rimes !

Sabrina sortit de sa chambre avec précaution, Salem sur ses talons. Elle s'assurait de la stabilité du sol à chaque pas, de peur de dégringoler dans le vide sous prétexte que ses tantes avaient essayé de faire le ménage.

« Pour l'instant, tout va bien », songea-t-elle en s'aventurant dans l'escalier.

— Mon panier ! s'écria Salem. Elles ont eu mon panier !

La jeune sorcière se retourna et en effet n'aperçut pas la corbeille en osier à côté du placard à linge. Elle pointa l'index et chantonna :

Panier tout rond,
où que tu sois reviens à la maison.

Aussitôt apparurent de grandes lanières d'osier en tas informe, près du placard.

— Je crois qu'il faudrait une petite mise au point...

— Ça vient... Je fatigue, à force !

Roseaux assemblez-vous,
en panier pour former un tout.

Sous leurs yeux, les lianes se tressèrent en une jolie corbeille.

— Merci ! fit Salem, et il sauta dedans pour en tester le confort. Je l'adore déjà ! Hilda et Zelda ont bien fait de faire disparaître l'autre.

— Bon, j'y vais avant que la maison ne s'écroule.

Un bruit attira son attention.

— On dirait de l'eau qui coule... Tu entends ?

— Oui, cela vient de la salle de bains, mais c'est plutôt les chutes du Niagara. Tes tantes ont peut-être découvert un puits de pétrole ! On va être riches !

Elle remonta à l'étage et se dirigea doucement vers la salle de bains. Une flaque d'eau passait sous la porte.

— Oups, ça m'a l'air plus grave qu'on ne le croyait...

— Berk !

Le chat recula d'effroi, secouant frénétiquement ses pattes mouillées. Sabrina réfléchit à une formule appropriée.

Eau, fraîche et ruisselante,
évapore-toi en...

Elle ne put finir son incantation. En ouvrant la porte, elle fut balayée jusqu'au rez-de-chaussée par un torrent d'eau.

— Au secours ! hurlait Salem au milieu des flots.

La jeune fille réussit à l'attraper avant d'être emportée par le courant.

Tous deux se retrouvèrent au pied de l'escalier, trempés jusqu'aux os.

— Ma fourrure si soyeuse ! Je déteste l'eau ! s'exclama Salem.

Puis il se figea, l'air pensif.

— Nager brûle combien de calories ?

Sabrina reprenait son souffle. Elle avait bu la tasse et toussait.

— Il pleut ? demanda Hilda en sortant de la cuisine, un verre de limonade à la main.

Elle avait une drôle d'allure avec ses cheveux à moitié peignés ! Un côté était parfaitement lisse tandis que l'autre ressemblait à un champ d'épis.

— C'est tout comme, lui répondit sa nièce d'une voix morne. Qui a laissé le robinet de la baignoire ouvert ?

Elle se releva et essora son tee-shirt dégoulinant.

— C'était donc ça le bruit que j'ai entendu !

J'ai dû vouloir fermer le robinet en zappant après avoir pris une douche.

— Tu n'as rien de cassé ? s'inquiéta Zelda qui fit irruption derrière sa sœur.

— Non, ça va. Pour quelqu'un qui vient de dégringoler un étage en surfant sur une vague géante avec un chat terrorisé dans les bras, je ne m'en sors pas trop mal.

— Est-ce que tu pourrais... commença Hilda en montrant du doigt le désordre occasionné.

— Oui, bien sûr.

Elle sécha ses vêtements, ses cheveux et Salem avant de s'attaquer au reste de la maison.

Eau, partout où tu t'es infiltrée,
évapore-toi sans plus tarder.

Tout fut sec en un instant.

— J'espère que les frais du procès seront bientôt payés ! grogna le chat en fouettant l'air de sa queue.

— Moi aussi, acquiesça Sabrina. Allons voir ce que je dois réparer d'autre.

Un coup de tonnerre retentit.

— Attendons-nous de la visite ? demanda Hilda à sa sœur.

— Non. Aucun habitant de l'Autre Royaume n'oserait rendre visite à des sorcières aux pouvoirs diminués. C'est bien trop dangereux !

— Que nous annonce alors le placard à linge ?

Un éclair illumina le couloir de l'étage. Un nuage sombre se forma et fila vers elles. Il se posta au-dessus de leurs têtes. Un deuxième éclair déchira l'air entre Sabrina et la table de l'entrée, laissant sur le sol une traînée noircie.

Salem sauta dans les bras de sa jeune maîtresse.

— Ça ne me dit rien qui vaille ! grommela-t-il. Tous aux abris !

Sabrina zappa un parapluie géant. L'évaporation de l'eau avait saturé l'air d'humidité, provoquant cet orage instantané. Il se mit à pleuvoir des trombes.

— Ouf ! Il était moins une ! la félicita le chat.

On sonna à la porte.

— Quoi encore ? geignit la jeune fille.

M. Kraft se tenait sur le seuil. Quelle ne fut pas sa tête en voyant à travers les rideaux qu'il pleuvait à l'intérieur !

— On n'est plus à une catastrophe près, soupira Sabrina. Bonjour, monsieur Kraft !

Il écarquilla les yeux encore plus grands, hésitant à entrer.

— Il pleut chez vous...

— Oui, nous avons un problème avec le système anti-feu.

Nuée d'argent la rappela aussitôt à l'ordre.

— En fait, vous aviez raison, il pleut chez nous.

L'averse se calma un peu puis finit par s'arrêter.

Le principal fit une drôle de moue et se décida à avancer dans le vestibule.

— C'est vraiment étonnant... Zelda est là ?

Sabrina vit du coin de l'œil Hilda s'éclipser dans la cuisine. Elle n'avait certainement aucune envie de se montrer avec ses cheveux à moitié coiffés et ses vieilles baskets. Zelda, quant à elle, fit signe à sa nièce qu'elle ne voulait pas parler à son petit ami. En temps normal, la jeune fille aurait été ravie de lui rendre ce service, mais, avec son portable dans la poche, elle n'avait pas le choix.

— Oui, elle est là, soupira-t-elle.

Zelda la fusilla du regard.

Ces derniers jours, Nuée d'argent n'avait presque pas eu l'occasion de sonner, car Sabrina anticipait ses appels. Comme Harvey ou Dreama, ses tantes évitaient de rester trop longtemps en sa présence.

Zelda s'avança vers M. Kraft. Elle secoua le parapluie sous son nez, l'éclaboussant exprès, le replia et s'appuya dessus comme si c'était une canne.

— Sais-tu que cela porte malheur d'ouvrir un parapluie dans une maison ?

— Il fallait bien que je me protège de la pluie ! répliqua-t-elle d'une voix acide.

Il eut l'air penaud.

Sabrina s'assit sur une marche de l'escalier avec Salem sur ses genoux. Pour rien au monde elle n'aurait manqué ça !

Sa tante croisa ses bras sur la poitrine et toisa son petit ami avec mépris.

— Que fais-tu ici, Willard ?

— Eh bien... Je n'ai guère été prévenant, ces jours-ci, et...

Gêné, il fixa ses pieds et se tordit les mains.

— Je me disais que tu aimerais peut-être m'accompagner au...

Zelda se détendit.

— ... match de basket-ball ce soir. C'est une rencontre décisive pour notre équipe. Il y aura une ambiance du tonnerre !

Il leva les yeux vers elle et esquissa un sourire encourageant.

Sabrina se renfrogna. Elle serait bien la seule à ne pouvoir assister à ce match ! Toutefois, elle doutait que sa tante accepte l'invitation... Comme si cela pouvait lui faire plaisir de voir des types se disputer un ballon !

— J'ai une bien meilleure suggestion, fit Zelda en poussant doucement son petit ami vers la porte. Vas-y sans moi ! Je ne suis pas désespérée à ce point !

Le principal se retrouva sous le porche. Après quelques secondes de réflexion, il comprit que ce n'était pas la peine d'insister.

— Je t'appellerai quand tu ne seras plus fâchée, proposa-t-il d'un ton condescendant qui ne plut pas du tout à Zelda.

Il tourna les talons et s'en alla tranquillement.

La jeune femme plissa le front et, de rage, s'écria :

— Prends ça !

— Oh non !

Sabrina se rua vers la porte. Ce qu'elle vit la fit éclater de rire ! Dans le dos de M. Kraft luisait un panneau lumineux inachevé.

« Frappez-moi je suis... »

— ... un sombre crétin ! dit Zelda. Malheureusement, mon sort n'a marché qu'à moitié. Donne-moi un coup de main.

— Avec plaisir !

Elle pointa l'index et des lettres se formèrent pour achever la phrase, mais Nuée d'argent se mit aussitôt à sonner. Sabrina zappa de nouveau en psalmodiant :

Bien que M. Kraft soit un idiot,
que ce panneau quitte son dos.

Zelda fit une grimace dégoûtée en voyant le panneau disparaître.

— Quel rabat-joie tu fais, Sabrina !

— Je sais. Je n'en peux plus d'être irréprochable ! Vivement lundi matin que je me débarrasse de ce maudit portable !

— Sabrina ! appela Hilda de la cuisine. J'ai voulu zapper mon enclume... Je crois que j'ai besoin d'aide.

Zelda, Sabrina et Salem reculèrent juste à temps. L'enclume tomba à quelques centimètres de leurs pieds !

— On l'a échappé belle ! souffla Salem, frissonnant.

Sabrina hocha la tête.

Le week-end promettait d'être long...

14

Surprise !

Le lundi matin à sept heures quarante-cinq minutes tapantes, Sabrina jeta Nuée d'argent dans le placard à linge, en referma vite le battant et s'y adossa pour le maintenir fermé. Un coup de tonnerre retentit. Des éclairs illuminèrent l'intérieur du meuble tandis que le téléphone de malheur retournait chez Sorcières Sans Fil.

— Bon vent !

La jeune sorcière se sentit soudain plus légère, comme si on lui avait ôté un énorme poids des épaules. Elle se précipita dans la cuisine pour prendre son petit déjeuner. Hilda fixait d'un air dépité ses muffins aux myrtilles à moitié cuits.

— Je suis enfin libre ! s'écria Sabrina.

Ses tantes étaient encore en robe de chambre, les cheveux en bataille et la mine renfrognée. Zelda buvait son thé, les yeux dans le vague. Elle la salua d'un geste vague. Hilda bâillait à s'en décrocher la mâchoire. Les cernes sous ses yeux trahissaient son manque de sommeil.

— Comment peux-tu être d'aussi bonne humeur dès l'aube ? demanda-t-elle à sa nièce. Je dors debout.

— Tu t'es confectionné une potion pour bien dormir ou pour bien te réveiller ? enchaîna Zelda.

— Pitié ! Je ne veux plus jamais entendre le mot « réveiller » de toute ma vie !

Elle remarqua alors que la porte de derrière était restée entrouverte. Elle pointa en récitant :

Ne reste pas ainsi,
petite porte, referme-toi sans souci.

La porte se ferma avec un claquement sec. Hilda poussa un profond soupir.

— Je ne sais ce qui est le plus déprimant : ne pas réussir ses sortilèges ou entendre tes rimes.

— Ne sois pas si dure avec elle, la gronda gentiment sa sœur. Je trouve que son incantation pour éliminer le glacier que *tu* as invoqué par mégarde dans la buanderie était plutôt efficace.

— Je voulais juste quelques glaçons pour

faire dégonfler mes paupières... Est-ce ma faute s'ils se sont transformés en iceberg ?!

Sabrina décida de mettre sa joie en sourdine par sympathie pour ses tantes. Cela faisait cinq jours que leurs pouvoirs étaient à moitié bloqués ; il y avait de quoi être de mauvais poil !

— J'arrête de faire des rimes débiles si tu me promets de ne plus utiliser la magie aujourd'hui. Une fois au lycée, je ne pourrai plus réparer tes dégâts ! (Elle fit la moue.) Est-ce que vous avez l'intention d'aller à la boutique ?

— Non, pas avant qu'on ait récupéré nos pouvoirs, la rassura Zelda. Mieux vaut perdre quelques ventes que de sortir d'ici.

— Qu'allez-vous faire pour les prospectus qui circulent encore ?

— Ils n'ont plus aucun pouvoir magique depuis vendredi soir, expliqua Hilda. Quand on retournera travailler, les affaires reprendront comme avant.

— Ce qui veut dire qu'il n'y aura pas un seul client... soupira Zelda.

— C'est nul... Qu'y a-t-il pour le petit déjeuner ?

Hilda et Zelda haussèrent les épaules d'un air navré, puis elles désignèrent les muffins en plissant le nez.

— J'ai compris... Je vais arranger ça.

Sabrina zappa des crêpes au sirop d'érable toutes chaudes et des céréales aux fruits.

— Où est Salem ? demanda-t-elle en le cherchant du regard. Je ne l'ai pas vu, ce matin.

— Il doit bouder dans un coin... Il joue les martyrs depuis qu'on l'a mis au régime, dit Zelda en tendant sa tasse vide.

La jeune fille la remplit aussitôt de thé.

— C'est à cause de moi qu'il a perdu son pari. Le pauvre avait bel et bien maigri d'un kilo.

— C'est bizarre, je n'ai pourtant pas entendu la sonnerie de Nuée d'argent... la taquina Zelda.

— Je n'ai pas besoin de lui pour me sentir coupable sur ce coup-là ! Je suis contente de m'en être débarrassé...

— Nous aussi ! Cela commençait à devenir invivable, convint Hilda. Je vais me montrer plus sympa avec Salem. La semaine a été pénible pour tout le monde.

— Est-ce que tu vas laisser tomber son régime ?

— Oui... Ce n'est amusant qu'au début.

— YOUPI ! Adieu, les croquettes allégées, bonjour, les petits plats en sauce !

Salem sauta sur la table et se noua une serviette autour du cou, prêt à engloutir son premier repas du jour.

— Je prendrai du thon à la mayonnaise, des crevettes séchées, un beignet à la chantilly et un milk-shake à la vanille. Donnez-moi aussi des pilules contre les maux d'estomac, le pauvre a perdu l'habitude des bonnes choses.

— Je crois qu'il est préférable d'y aller progressivement, lui conseilla Sabrina en zappant un grand bol de croquettes au saumon.

Il huma son plat et se mit à manger avec appétit.

La jeune fille sourit. Bientôt tout rentrerait dans l'ordre. Dès que ses tantes auraient récupéré la totalité de leurs pouvoirs, la vie reprendrait comme avant ! Enfin... si ses amis daignaient lui adresser de nouveau la parole et ne la fuyaient plus comme une pestiférée.

Même si Sabrina s'y attendait, voir les élèves s'écarter sur son passage en détournant les yeux fut particulièrement pénible. Elle fit semblant de ne pas s'en apercevoir et agit comme si de rien n'était. Elle espérait qu'ils finiraient par oublier les incidents de la semaine passée.

Elle voulait avant tout se réconcilier avec Harvey.

Elle le trouva devant son casier.

— Salut, Harvey ! Comment vas-tu ?

Il jeta un rapide coup d'œil par-dessus son épaule et regarda ailleurs.

— Bonjour, Sabrina.

— Alors ? Comment était le match ?

Elle avait été tellement occupée à réparer les sortilèges de ses tantes qu'elle ignorait qui avait gagné.

— Minable. Amesbury nous a écrabouillés : soixante-huit à quarante. Tu n'as rien manqué.

— C'est toi qui m'as manqué...

— Je dois aller en cours. Je n'ai pas envie d'être *encore* en retard. Je suppose que tu vois ce que je veux dire ?

Oui, elle comprenait très bien qu'il soit encore fâché après elle.

Il n'attendit d'ailleurs pas sa réponse et s'éloigna sans plus lui prêter attention.

— Attends ! Je...

— Je suis pressé, Sabrina.

Son ton était sec mais il s'était arrêté. Elle ne laissa pas passer cette chance :

— Je suis désolée que l'équipe de Westbridge ait perdu mais je pensais que... enfin... que c'était mieux de vous laisser toi et Brad entre garçons... Je ne suis pas venue parce que je ne voulais pas m'immiscer entre vous et gâcher votre plaisir.

Le jeune homme resta perplexe. Sabrina

put deviner qu'il lui en voulait déjà moins. Son cœur se mit à battre la chamade.

C'est alors qu'un téléphone se mit à sonner. Cela venait de son sac...

— Ton portable, fit remarquer Harvey en désignant son sac du menton.

— Mon portable ? Oh oui, c'est vrai !

Elle découvrit en effet avec horreur Nuée d'argent entre sa trousse à maquillage et son agenda. Que faisait-il là ?

— Excuse-moi, Harvey, mais je dois y aller !

Tant pis ! Elle se réconcilierait avec lui plus tard. Elle courut s'enfermer dans les toilettes où elle se téléporta immédiatement chez elle.

— Tante Hilda ! Tante Zelda !

Elle se précipita dans la cuisine mais ne trouva que Salem, encore assis devant son bol de croquettes.

— Pourquoi n'es-tu pas à l'école ?

— Ce maudit téléphone est de retour !

La panique la gagnait et elle n'arrivait même pas à réfléchir.

La sonnerie de Nuée d'argent retentit de nouveau. Elle se figea, n'osant pas décrocher, de peur de voir son cauchemar recommencer de plus belle.

— Si tu te dépêches, tu peux demander à

tes tantes de t'aider avant qu'elles partent travailler.

— Elles ont retrouvé leurs pouvoirs ?

— Il semblerait. En tout cas, le soufflé au fromage que m'a zappé Hilda était délicieux. Avant que tu t'en ailles, donne-moi des pilules pour l'estomac, je me sens patraque.

La jeune fille en zappa une boîte puis se précipita à l'étage.

Ses tantes se préparaient dans la chambre de Zelda. Elles choisissaient leur tenue.

Zelda l'aperçut dans la glace.

— N'es-tu pas censée être en cours, Sabrina ?

Elle se zappa une jolie robe à fleurs, parfaite pour une si belle journée de printemps.

— Qu'en penses-tu, Hilda ?

— Je pense que c'est génial d'avoir des pouvoirs qui fonctionnent enfin !

Sabrina fit disparaître le miroir pour capter l'attention de ses tantes.

— Le téléphone est de retour ! La semaine d'essai s'est pourtant terminée ce matin. Je ne comprends plus rien...

— Ah, tu n'as pas eu le message, soupira Hilda.

Elle se tourna vers sa sœur et continua d'un ton désinvolte :

— Et si on déjeunait à Paris ?

15

Merci, Sabrina !

— Je sens que je vais devenir folle ! soupira Sabrina en se matérialisant de nouveau dans les toilettes du lycée.

Elle n'avait aucune idée du message qu'elle était censée avoir reçu. Ses tantes n'avaient rien voulu lui dire de plus, déclarant qu'elle devait se débrouiller toute seule.

Désespérée, elle se résolut à affronter la semaine qui commençait exactement comme la précédente. Elle se dirigea vers le bureau du principal pour prendre un billet de retard...

— Sabrina ? entendit-elle dans son dos.

C'était Maureen. Sabrina n'avait envie de parler à personne, mais, après le mal qu'elle lui avait fait, elle se sentait obligée de lui répondre. Elle emmaillota son téléphone dans une écharpe en mousseline et le fourra au fond de son sac.

— Oui ? fit-elle.

Quelle ne fut pas sa surprise en se retournant !

— C'est à ça que tu pensais ? demanda une jolie fille que Sabrina eut du mal à reconnaître.

Maureen leva les bras en l'air et pirouetta. Elle s'était teint les cheveux en châtain foncé et avait retiré ses paillettes. Son maquillage, discret, mettait en valeur ses beaux yeux bleus. Elle portait une chemise de couleur vive, mais pas du tout criarde, et un jean noir.

— Wouah ! Tu es superbe ! Je n'en reviens pas !

— C'est vrai ? C'est grâce à tes conseils. Je dois t'avouer qu'au début je t'en ai beaucoup voulu, mais j'ai ensuite compris le message.

— Tu es visiblement plus perspicace que moi...

« Quel message suis-je censée recevoir ? »

Maureen se pencha vers elle.

— Tu as un appel. Moi aussi, j'adorerais avoir un portable. C'est tellement à la mode.

— J'ai changé d'avis depuis que j'en ai un. C'est une vraie calamité ! J'ai un autre conseil à te donner, si cela t'intéresse.

— Bien sûr !

La jeune fille était tout ouïe.

— C'est parfois en cherchant à être absolument à la mode qu'on rencontre les pires ennuis ! Et je sais de quoi je parle.

— Je n'en doute pas. Je te promets d'y réfléchir.

Elle tourna les talons puis se ravisa.

— Est-ce que je t'ai dit que Danny Evans m'a invitée au cinéma samedi prochain ?

— Non, mais je suis ravie de l'apprendre. C'est un type adorable !

Cette petite conversation avec Maureen la revigora. Restait encore Harvey et Dreama, et Gordie et Brad et... Cela la décourageait à l'avance de penser à tous ceux qui lui battaient froid !

— Et ce stupide téléphone qui n'arrête pas de me harceler !

Elle plongea la main dans son sac, mais elle eut beau chercher, Nuée d'argent était introuvable...

— Je ne saurai jamais quel était le message... Tant pis, je ferais mieux d'aller en cours.

Comme il n'y avait aucune raison pour que les choses s'améliorent, elle fonça droit dans M. Kraft au détour d'un couloir.

— Mademoiselle Spellman ! Que faites-vous ici ? s'étonna-t-il en cherchant quelque chose dans sa poche.

Il dégainait les feuilles de retenue plus vite que son ombre !

— J'ai eu une urgence... Je peux tout vous expliquer...

Intrigué par le visage rayonnant du principal, elle s'arrêta, regarda autour d'elle avant de reprendre :

— Qu'est-ce que c'est ?

Il brandissait un bout de papier et n'avait visiblement pas l'intention de lui donner une retenue.

— Un chèque du conseil d'administration ! Cela me fait tout drôle de dire ça, mais c'est grâce à vous s'ils me donnent cette prime.

Il prit une profonde inspiration, puis enchaîna plus bas :

— Je crois que je dois vous remercier.

— Ah bon ?

Sabrina se demanda soudain si elle ne rêvait pas ou si elle n'évoluait pas à son insu dans un monde parallèle.

— Oui. En apprenant que j'avais un deuxième emploi, Mme Markum a réévalué mon salaire et s'est rendu compte que je n'étais pas suffisamment payé.

Il eut un sourire de victoire.

— S'ils veulent que je renouvelle mon contrat, ils auront intérêt à revoir mes émoluments à la hausse !

— Super ! Avez-vous assez maintenant pour vous offrir un bateau de pêche ?

— Oui ! Il me restera même un peu d'argent. (Il rangea le chèque et se pencha vers elle.) Si vous me dites comment je peux me faire pardonner de Zelda, je ne vous mets pas en retenue.

— Facile. Emmenez-la dîner dans un grand restaurant et réglez la note.

Sabrina réussit à présenter ses excuses à une dizaine d'élèves avant le déjeuner. La plupart, comme Gordie ou Dreama, les acceptèrent sans hésiter. Étant elle-même une sorcière pas très douée, Dreama imaginait très bien le calvaire qu'avait vécu son amie. Sabrina espérait que Harvey serait aussi indulgent.

Ce dernier était en compagnie de Brad lorsqu'elle arriva à la cafétéria. Ils étaient installés à une table près de la fenêtre. Elle ne pouvait leur dire la vérité comme à Dreama, ce qui compliquait les choses, mais elle ne voulait pas non plus leur mentir. Le cœur serré, elle alla les rejoindre.

— Salut, les garçons ! Il y a une place pour moi ?

— Bien sûr, voyons, fit Harvey, qui lui adressa un de ses adorables sourires.

Il se poussa et l'invita à s'asseoir à côté de lui.

— Je viens de dire à Brad ce que tu m'as confié ce matin, enchaîna-t-il.

— Qu'est-ce que j'ai dit, déjà ?

— Que tu voulais nous laisser entre garçons... Je trouve ça génial que tu comprennes qu'il y ait des choses qu'on préfère faire entre nous et que cela ne change rien à mes sentiments pour toi.

— Je sais, je suis géniale !

Elle eut un sourire espiègle et pouffa.

Elle se tourna alors vers Brad qui lui rendit son sourire.

— Cela ne te dérangera donc pas si j'invite Harvey à camper avec moi le week-end prochain ? fit-il.

Ils restèrent quelques secondes à se fixer droit dans les yeux, se demandant quelle allait être la réaction de l'autre, puis Sabrina finit par s'exclamer :

— Pas le moins du monde ! Allez donc vous faire dévorer par les moustiques et vous perdre dans la forêt si cela vous chante, moi, je reste ici.

La perspective de passer un autre week-end sans Harvey n'était pas réjouissante, mais elle devait bien ça à Brad.

Après les cours, la jeune sorcière alla directement au café voir Josh. Elle voulait s'excuser de son impolitesse envers la fille du patron. Mais il y avait un monde fou.

« Ce n'est certainement pas le bon

moment... » songea-t-elle en voyant Josh courir d'une table à l'autre.

Elle soupira et décida de revenir un autre jour pour soulager sa conscience. De toute façon, il devait tellement lui en vouloir qu'il ne consentirait même pas à l'accepter comme cliente...

— Sabrina ! Attends !

Étonnée, elle revint sur ses pas.

— Salut !

— Où vas-tu comme ça ?

— Tu sembles débordé, je me suis dit que je reviendrais une prochaine fois.

— Alors que je suis débordé ? (Il sourit d'un air complice.) J'ai engagé puis renvoyé trois serveuses depuis ton départ. Aucune ne t'arrivait à la cheville...

— Est-ce qu'elles ont insulté Évelyne, elles aussi ?

Il rit de bon cœur.

— Non, il n'y a que toi qui aies assez de cran pour lui tenir tête ! Elle ne l'a pas volé !

— Cela ne m'a pourtant valu que des ennuis. Je te rappelle que j'ai été virée !

— Oui, je sais. (Il se passa une main nerveuse dans les cheveux.) Mais le job est de nouveau à toi si tu veux encore travailler ici.

— Qu'en pensera le père d'Évelyne ?

Josh haussa les épaules.

— Il ne m'a pas parlé de cette affaire, mais

s'il le faisait je lui dirais que je n'ai rien à te reprocher. Il sera sans doute d'accord avec moi. Il connaît sa fille mieux que personne. Alors, quelle est ta réponse ?

— Où est mon tablier ?

— À sa place habituelle. Qu'attends-tu pour t'y mettre ?

— Je dois juste prévenir mes tantes qui m'attendent à la boutique. Je reviens dans une minute.

Elle fila vers une cabine téléphonique et chercha de la monnaie dans ses poches.

Josh la rattrapa.

— Pourquoi n'utilises-tu pas ton nouveau portable ?

— Je l'ai rendu. Il n'arrêtait pas de sonner.

Perplexe, il voulut lui demander ce qu'elle entendait par là, mais une cliente l'appela pour passer une commande.

Soulagée de n'avoir pas à s'expliquer, la jeune sorcière composa le numéro.

— Allô, tante Hilda ? Tout va bien ?

— Oui ! On a écoulé notre stock de montres rigolotes ! Tu te rappelles la motarde de la semaine dernière ? Ses copains sont venus acheter la même montre que la sienne ! Ils adorent les cadrans à treize heures.

— On n'est pas obligées de fermer la boutique ! entendit-elle Zelda crier à côté de sa sœur.

Sabrina annonça à sa tante qu'elle avait récupéré son travail au café et qu'elle s'était définitivement débarrassée de Nuée d'argent. Elle avait enfin compris le message : elle ne chercherait plus à tricher pour se donner l'air cool ou pour avoir le dernier gadget à la mode.

— Est-ce que vous avez besoin de moi ? Josh aimerait que je reprenne le travail tout de suite.

— Ne t'inquiète pas pour nous, on s'en sort à merveille. À ce soir !

Sabrina était sur le point de raccrocher quand elle demanda une dernière chose. Après tout, qui ne tente rien n'a rien !

— Quelles sont mes chances d'avoir un portable normal ? Pour mon anniversaire, par exemple. Ou peut-être pourrais-je m'en offrir un avec mes économies ?

— Nous verrons. Pour l'instant, je te rappelle que tu n'as pas encore réglé ta dernière facture de téléphone !

Malgré sa déception, Sabrina fut presque soulagée de la réponse de sa tante. Après une semaine aussi mouvementée, c'était plutôt rassurant de voir que rien n'avait changé...

— Sabrina ! cria Josh, les bras chargés de tasses et de soucoupes sales. Si tu ne viens pas tout de suite, tu es virée !

— J'arrive !

Elle se sentait tellement contente qu'il pouvait même lui demander de nettoyer les toilettes ! Ce que Josh ignorait, c'était qu'elle n'avait qu'à remuer l'index pour que tout le sale boulot soit fait ! Il fallait bien qu'il y ait un avantage à être une sorcière !

Tu as aimé
***Le portable ensorcelé*,**

alors retrouve vite

Sabrina
l'apprentie sorcière

avec cet extrait de :
À l'abordage !

[...]

Sabrina grignotait dans la cuisine en repensant à sa folle journée. Elle songeait à ce drôle de cousin qui leur était tombé du ciel. Sur le trajet du retour, le bonhomme n'avait pas arrêté de poser des questions, comme s'il n'avait jamais vu de voiture, d'immeubles ni d'éclairage électrique.

— Je le trouve très bizarre, moi, ce cousin Eddie ! D'où sort-il exactement ? lança-t-elle à sa tante Zelda qui préparait du thé.

— Il vient de l'Autre Royaume, répondit Zelda en zappant les tasses.

Salem, le chat de la maison, dressa l'oreille :

— Cousin Eddie ? Quel cousin Eddie ?

Salem Saberhagen n'avait pas toujours été ce gros chat noir qui se prélassait d'un coussin à l'autre dans la maison des Spellman. Autrefois, il avait été un grand sorcier qui rêvait de devenir le maître du monde. Cela lui avait valu d'être condamné par le Conseil des sorciers à vivre durant cent ans dans la peau d'un chat.

— Alors, répéta Salem, de quel cousin Eddie s'agit-il ? Si c'est Eddie Feldman, je préférerais ne pas le croiser. D'accord, je l'ai changé en ornithorynque, mais je ne pouvais pas deviner que le Conseil des sorciers me retirerait mes pouvoirs juste après...

— Dis-moi, tante Zelda, demanda Sabrina, ignorant le bavardage de Salem, Eddie est un vrai pirate ?

— Oui, répondit Zelda.

Salem ouvrit des yeux ronds.

— Eddie Feldman est un pirate ?

— Il ne s'agit pas d'Eddie Feldman, Salem, soupira Zelda.

— Ça me rassure, dit le chat. Vous n'imaginez pas le nombre de cauchemars que j'ai faits à cause de cette histoire. Parce que...

Sabrina l'interrompit :

— Alors, comme ça, tante Zelda, tu as été pirate durant un été ?

— Oui, répondit Zelda.

Elle n'avait visiblement aucune envie d'évoquer cette expérience avec sa nièce.

— Quand je pense que moi, on m'a reproché mes quelques années de flibuste ! s'exclama Salem.

— Oui, mais toi, tu as vraiment été un pirate, ça n'a rien à voir.

— Ah, tu es au courant ? s'étonna Salem.

— N'oublie pas que je connais à peu près tout de toi, et même des choses que tu préférerais que j'ignore.

Il en fallait plus pour clouer le bec du chat :

— Si ce n'est pas Eddie Feldman, c'est qui ? Eddie Ackroyd ?

— Non, le coupa Zelda. Voilà : Eddie le Terrible n'est pas notre cousin. J'ai dit ça pour calmer la police, c'est tout.

— S'il n'est pas notre cousin, qui est-ce ? demanda Sabrina.

— Un ami, un très bon ami à moi.

— Et que fait-il ici ?

— J'attends qu'il me l'explique, répliqua Zelda en se dirigeant vers le salon avec le plateau à thé. Eddie n'est pas du genre à quitter l'Autre Royaume pour me rendre une petite visite. Je ne l'avais pas vu depuis environ trois cents ans, et il doit avoir une bonne raison pour réapparaître comme ça...

Sabrina L'Apprentie Sorcière™

Retrouve Sabrina sur CD-ROM et Playstation®

Le 1er jeu d'aventure adapté de la série télé

Knowledge Adventure

SIMON & SCHUSTER

www.archiecomics.com

Sabrina
l'apprentie sorcière

1. Une rentrée pas ordinaire
2. Une rivale inattendue
3. Un Noël presque parfait
4. Un invité surprise
5. Un amour de sorcière
6. Un week-end très mouvementé
7. Une journée d'enfer
8. Un lundi hallucinant
9. Sabrina fait des mystères
10. Détective de choc !
11. La fête des sorcières
12. Le bal de la pleine lune
13. La double vie de Sabrina
14. Un défi pour Sabrina
15. Des lutins bien malins
16. Drôle de sirène !
17. Une soirée de rêve
18. Magicopoly
19. Un sortilège de trop
20. Gare à la peste !
21. Maudite momie !
22. Touche du bois !
23. Quelle vie !
24. À l'abordage !
25. Le portable ensorcelé

La magie de Sabrina *(hors-série)*
En route pour les étoiles *(hors-série)*

Cet ouvrage a été composé
par PCA - 44400 REZÉ

Impression réalisée sur Presse Offset par

BRODARD & TAUPIN
GROUPE CPI

La Flèche (Sarthe), le 01-10-2003
N° d'impression : 19172

Dépôt légal : octobre 2003

Imprimé en France

POCKET jeunesse
12, avenue d'Italie • 75627 PARIS Cedex 13
Tél. : 01.44.16.05.00